Die wirtschaftspolitischen Beziehungen zwischen Österreich und Ungarn und die internationalen Interessen

Von Dr. Béla Rajnik
Rechtsanwalt in Budapest

München und Leipzig
Verlag von Duncker & Humblot
1914

Alle Rechte vorbehalten.

Altenburg
Pierersche Hofbuchdruckerei
Stephan Geibel & Co.

Inhaltsverzeichnis.

Erster Teil.
Internationale Übersicht.

Seite
- § 1. Falsche Begriffe 1
- § 2. Die Bedeutung des ungarischen Einfuhrbedarfes 7
- § 3. Angeblich störende Wirkungen der Zolltrennung 11

Zweiter Teil.
Die Handels- und Zollpolitik aus dem Gesichtspunkte der ungarischen wirtschaftlichen Interessen.

Erster Abschnitt.
- § 4. Überblick der Gesichtspunkte 26

Zweiter Abschnitt.
- § 5. Politik und Zolltrennung 31

Dritter Abschnitt.
- § 6. Die Zollpolitik aus industriellen Gesichtspunkten 37
- § 7. Handelsbilanz und Zollpolitik 43

Vierter Abschnitt.
- § 8. Die Zollpolitik aus landwirtschaftlichen Gesichtspunkten 50
- § 9. Die Preisentwicklung im gesonderten Zollgebiete 57
- § 10. Die Analyse der Preisgestaltung und die endgültigen Ergebnisse derselben 70

Dritter Teil.
Schlußbetrachtungen.

- § 11. Das Versagen der Agrarzölle im Vertragszollgebiet und seine Ursachen 79

Erster Teil.
Internationale Übersicht.

§ 1.
Falsche Begriffe.

Die Grenzen, welche die verschiedenen Völker voneinander scheiden, werden nicht nur durch Ideen, sondern auch durch die wirtschaftlichen Beziehungen und Interessen durchbrochen.

Mit diesen lapidarischen Worten wurde die jüngste, zu Budapest getagte Mitteleuropäische Wirtschaftskonferenz eröffnet. Und wahrhaftig, die Fäden der wirtschaftlichen Funktionen und Angelegenheiten reichen weit über die Grenzen der einzelnen Wirtschaftsgebiete, sie bilden ein dicht gesponnenes internationales Netz: Wirtschaftsangelegenheiten haben stets eine internationale Bedeutung.

Vermag nun auch das wirtschaftliche Verhältnis zwischen Österreich und Ungarn und insbesondere die möglichen künftigen Veränderungen desselben ein Interesse außerhalb der nächstbeteiligten zwei Staaten zu erwecken?

Angesichts der eingangs festgestellten Erkenntnis könnte diese aufgeworfene Frage gewissermaßen bizarr erscheinen. Und doch ist sie weder bizarr noch überflüssig.

Sie ist nicht überflüssig, weil die Voraussetzung einer bejahenden Antwort die Grundlage der Veröffentlichung vorliegender Studie ist. Und dann, weil es fast den Anschein hätte, als würde diese Voraussetzung, trotz aller Erkenntnis, eine irrige sein!

Handelsverträge, selbst jene, welche kleinere Staaten.

sei es am Balkan oder im fernen Osten untereinander oder mit größeren Staaten abzuschließen im Begriffe sind, stehen im Mittelpunkte der öffentlichen Diskussion und bilden den Gegenstand ernster Erwägungen der Staatskanzleien. Mit voller Berechtigung. Eine Gleichgültigkeit würde der Schädigung eigener Interessen gleichkommen.

Ganz andere Wahrnehmungen sind es, die man gelegentlich der jeweiligen Verhandlungen über die abzuschließenden Handels- und Zollverträge zwischen Österreich und Ungarn beobachten kann. Es erscheinen wohl vereinzelt offiziös inspirierte, hie und da auch sonstige unabhängige Aufsätze in der ausländischen Tagespresse — doch die große Öffentlichkeit des Auslandes nimmt trotzdem keine rechte Notiz von den Vorkommnissen.

Die Gründe dieses Desinteressements liegen offenbar in tiefwurzelnden falschen Begriffen, deren Berichtigung notwendig ist.

Im allgemeinen betrachtet man im Auslande die jeweiligen Handelsvertragsverhandlungen der zwei Staaten mehr oder weniger für einen rein internen Prozeß, welcher nach Überwindung bald größerer bald kleinerer Schwierigkeiten, schließlich doch wieder in einer Form ausgetragen werden müßte, welche — wenigstens nach außen — die alte bleibt. Man findet sich also — in der Autosuggestion eines unabänderlichen Zustandes — mit den Ereignissen ab und begnügt sich bezüglich des Warenverkehrs in bemerkenswerter Selbstbeschränkung mit dem Anteile, den man an der Deckung des Gesamtbedarfes der „Doppelmonarchie" hat.

Daß die Verhandlungen über den Handelsvertrag eine interne Angelegenheit der zwei Staaten bilden, ist zweifellos, man faßt aber die Wirkungen nicht ins Auge, welche sich durch Änderungen in demselben für das Ausland ergeben können. Man rechnet nur mit dem Gesamtbedarf der zwei Staaten, ohne zu untersuchen, ob die Höhe jenes Anteils mit dem gesonderten Bedarfe jedes der zwei Staaten im Einklange steht. Man denkt gar nicht daran,

§ 1. Falsche Begriffe.

die eigentliche Natur des Wirtschaftsverhältnisses der zwei Staaten genauer zu erforschen und zu prüfen, ob nicht bei jedem Anlaß eine Änderung von internationalem Interesse eintreten, und welche Folgen eine solche auf den internationalen Warenverkehr nach den zwei Staaten ausüben könnte. Man denkt namentlich gar nicht daran, den Gesamtbedarf der „Doppelmonarchie" analytisch zu behandeln und insbesondere die Tragweite einer wirtschaftlichen Separierung der zwei Staaten vom internationalen wirtschaftlichen Gesichtspunkte festzustellen.

In unserem Zeitalter, wo fieberndes Interesse und hochgespannte Gründlichkeit für alles Wirtschaftliche besteht, ist diese, zum Desinteressement führende oberflächliche Behandlung höchst bemerkenswert und klingt geradezu bizarr. Sie ist auch — besonders vom ungarischen Standpunkte — tief zu beklagen, ihre Erklärung ist aber unschwer zu finden.

Die Natur des wirtschaftlichen Bandes, welches die zwei Staaten verknüpft, ist im Auslande nicht genügend bekannt gemacht, so daß es gar nicht zu verwundern ist, wenn sich daselbst falsche Begriffe einnisten, welche, mangels gründlicher Aufklärung, ein richtiges Verständnis für die Distinktionen und Grenzlinien des Zusammenschlusses nicht recht aufkommen lassen.

Ereignet es sich doch selbst hierzulande, daß man irreführende Terminologien und Versäumnisse erst nach Jahrzehnten richtigstellt und nachholt. Erst im Jahre 1907 wurde der jüngste, bis 1917 währende Handels- und Zollvertrag als internationaler Handelsvertrag gesetzlich inartikuliert und seit dieser Zeit erst besitzen beide Staaten zwar identische aber doch gesonderte autonome Zolltarife die sich augenblicklich auf das österreichisch-ungarische Vertragszollgebiet beziehen. Der ungarische autonome Tarif fände aber nunmehr dem gesamten Auslande gegenüber in dem Momente Anwendung, in welchem bei einer nächsten Gelegenheit zwischen den zwei Staaten der Handelsvertrag nicht zustande kommen sollte. Bis zum

Jahre 1907 sprach man aber sogar in Ungarn von einem Handels- und Zollbündnis statt einem internationalen Handels- und Zollvertrag, von einem gemeinsamen Zollgebiet statt einem Vertragszollgebiet und ein autonomer ungarischer Zolltarif existierte überhaupt nicht!

Auch die Methode, wie die Statistik des Warenverkehrs geführt wird, dürfte dazu beitragen, daß unzutreffende Auffassungen aufkommen und sich festsetzen konnten.

Die statistischen Veröffentlichungen bilden heutzutage sowohl für den Theoretiker und Forscher als auch für den praktischen Kaufmann ein unentbehrliches Nachschlagswerk. Aus diesen Veröffentlichungen erfährt man unter anderem den Importbedarf im allgemeinen und jenen in bestimmten Artikeln und der Umfang desselben bildet den Gradmesser für das Interesse, welches die wirtschaftlichen Faktoren des Auslandes einem Importgebiet entgegenbringen.

Nun gibt es allerdings eine rein ungarische Statistik über den Auslandsverkehr des ungarischen Staates — allein als offizielle Nachschlagewerke werden im Auslande überwiegend doch nur die Publikationen des österreichischen statistischen Amtes benützt. Diese letzteren enthalten aber nur die Auslandsverkehrsdaten des **gesamten Vertragszollgebietes**. Der Unkundige und in das Wesen der Sache nicht eindringende Praktiker erkennt es nicht — angesichts des offiziellen Charakters des Werkes und in Anbetracht der allgemeinen Verwendung desselben — daß diese Publikationsmethode, die Verschmelzung der Daten zweier Staaten unzulässig ist und den praktischen Wert derselben beeinträchtigt! Diese summarischen Daten haben höchstens einen theoretischen, historischen, für Forschungszwecke benützbaren Wert, denselben, den beispielsweise die summarische Bearbeitung der Daten einiger oder mehrerer mitteleuropäischer Länder oder gar jener von ganz Europa besässe!

Die Publikationen des österreichischen Statistischen Amtes hätten sich eben nur auf die österreichischen Daten zu beschränken, gleich jenen des ungarischen Amtes, die sich nur auf die ungarischen Verhältnisse beziehen. Daneben könnte dann allerdings eine summarische Bearbeitung stattfinden. Das internationale Interesse würde sich aber im praktischen Leben bei dieser Bearbeitungs- und Publikationsmethode den, die gesonderten Daten enthaltenden zwei Werken zuwenden. Die Begriffe würden sich klären und auch die Gleichgültigkeit gegen die Entwicklung der wirtschaftlichen Beziehungen der zwei Staaten würde bald der Erkenntnis weichen, daß bei der jeweiligen Regelung derselben auch vitale internationale Wirtschaftsinteressen berührt werden.

Die Inkonvenienz des hier behandelten Systems erwies sich wieder einmal gelegentlich der Bemühungen, die der Vizepräsident des deutschen Reichstages, Geheimrat Professor Paasche im Interesse der Propagierung und Bildung eines deutsch-österreichischen Wirtschaftsverbandes in Wien unternahm. Selbst dieser illustre deutsche Gelehrte und Praktiker bediente sich bei seinen graphischen und statistischen Entwickelungen nicht jener Daten, die sich auf den Verkehr Österreichs mit Deutschland beziehen, sondern jener die auf den gesamten Verkehr Österreichs und Ungarns mit Deutschland Bezug haben, wo doch der Verkehr Deutschlands mit Ungarn und vice versa mit dem deutsch-österreichischen Verkehr nichts zu tun hat! Man vermißte bedauernd auch bei dieser Gelegenheit die Zweiteilung des statistischen Materials, durch welche das entworfene Bild vielleicht sogar eine Änderung erfahren hätte. Es ist also unerläßlich die wirtschaftlichen Fäden mit Ungarn ganz unabhängig von jenen mit Österreich zu verfolgen, die wirtschaftlichen Erscheinungen der zwei Staaten ganz gesondert zu betrachten und zu erwägen, und insbesondere die künftige Gestaltung der Beziehungen aus diesem Gesichtswinkel und mit erhöhtem Interesse zu begleiten.

Es kann füglich dahingestellt werden, auf welche sonstigen Motive und Umstände die bestehenden falschen

Begriffe noch zurückzuführen sind, vielleicht auch auf solche, deren Grundlagen nicht wirtschaftlicher Natur sind. Wie dem auch immer sei, all den Mißverständnissen muß, wenn auch in gedrängter Kürze, durch Festlegung der unumstößlichen Fakten entgegengetreten werden.

Ungarn war seit jeher ein selbständiger Staat mit uneingeschränkter Souveränität. Die Verbindung mit Österreich schuf zwar gewisse gemeinsame Angelegenheiten — eine institutive w i r t s c h a f t l i c h e Gemeinsamkeit besteht aber zwischen den zwei Staaten nicht und hat auch nie bestanden. Ungarn hat das Recht — so wie Österreich — eine seinen Interessen entsprechende beliebige Wirtschaftspolitik zu befolgen, sich mit Österreich auf ein Vertragszollgebiet zu einigen oder auf Grund einer gesonderten Zollgebietspolitik eigene Handelsverträge mit den auswärtigen Staaten, darunter auch mit Österreich, abzuschließen. Seit 1867 hat sich Ungarn mit Österreich durch Handelsverträge von 10 zu 10 Jahren allerdings auf ein Vertragszollgebiet geeinigt. Diese Einigung war aber jedesmal das Ergebnis regelrechter Verhandlungen, die gleich jenen zwischen fremden Staaten geführt werden. Es ist gesetzlich dafür vorgesorgt, daß, wenn diese Verhandlungen einmal zu keinem Resultate führen, der autonome Zolltarif Ungarns in Kraft trete und zwar gegenüber dem gesamten Auslande, also auch Österreich gegenüber. In einem solchen Falle würden dann die Verhandlungen über die Handelsverträge mit fremden Staaten seitens Österreichs und Ungarns ganz gesondert geführt und die Verträge auch gesondert abgeschlossen werden. Es kann dieser Zustand bei jedem Ablauf des österreichisch-ungarischen Handelsvertrages eintreten, zunächst am 31. Dezember 1917.

Derjenige, der sich mit den Tatsachen bekannt macht, wird sich der Notwendigkeit nicht verschließen können, sich für die näheren wirtschaftlichen Verhältnisse Ungarns eingehend zu interessieren, insbesondere für den Umfang des Einfuhrbedarfes, um feststellen zu können, in welchen

§ 2. Die Bedeutung des ungarischen Einfuhrbedarfes.

Grenzen die ausländischen Industriestaaten ihre Erzeugnisse in Ungarn absetzen können, sobald es gegeben sein wird unter gleichen Bedingungen mit Österreich in Konkurrenz zu treten. Man wird ferner nicht mehr umhin können, die wirtschaftlichen Vorgänge in Ungarn mit erhöhter Aufmerksamkeit zu verfolgen und sich mit den Motiven vertraut zu machen, welche den verschiedenen wirtschaftspolitischen Strömungen zugrunde liegen.

§ 2.
Die Bedeutung des ungarischen Einfuhrbedarfes.

Im Jahre 1911 betrug die Einfuhr nach dem Vertragszollgebiet Österreichs und Ungarns gemäß den Daten des österreichischen statistischen Amtes ingesamt 3274 Millionen Kronen, wovon auf:

Rohstoffe . . . 1854 Millionen Kronen
Halbfabrikate . 520 „ „
Ganzfabrikate . 910 „ „ entfallen.

Diese summierten Daten sind aber, wie bereits dargelegt, nicht geeignet als Basis reeller wirtschaftlicher Folgerungen zu dienen. Es müssen die Einfuhrswerte der beiden Staaten gesondert erwogen werden. Diejenigen für Ungarn sind in den Veröffentlichungen des ungarischen statistischen Amtes zu finden. Jene für Österreich werden aber erst durch Zuhilfenahme der Zwischenverkehrsstatistik ermittelt werden müssen.

In das geschlossene Zollgebiet des ungarischen Staates wurden im Jahre 1911 insgesamt Waren im Werte von 2082 Millionen Kronen eingeführt, wovon:

Rohstoffe . . 455 Millionen Kronen
Halbfabrikate . 283 „ „
Ganzfabrikate . 1344 „ „ , in welchen

Summen selbstredend bereits die aus Österreich nach Ungarn eingeführten Werte auch mitinbegriffen sind.

Nach den Daten der Zwischenverkehrsstatistik kamen im Jahre 1911 in Millionen Kronen:

8 Erster Teil. Internationale Übersicht.

	aus Österreich nach Ungarn	aus Ungarn nach Österreich
Rohstoffe...	152	776
Halbfabrikate.	210	96
Ganzfabrikate.	1167	520

Aus diesen Ziffern ist es nun leicht zu ermitteln, daß die Einfuhr nach dem geschlossenen Zollgebiet Österreichs im Jahre 1911 in Millionen Kronen betrug, an:

Rohstoffen ... 2327
Halbfabrikaten.. 543
Ganzfabrikaten.. 1253, in welchen Daten die ungarische Einfuhr nach Österreich gleichfalls mitinbegriffen ist.

Vorstehende Daten führen eine überaus beredte Sprache. Sie verkünden den respektablen Umfang des ungarischen Importbedarfes und den Umstand, daß im Jahre 1911:

	von der Totaleinfuhr Ungarns		der österreichische Anteil
	in Millionen Kronen		in Prozenten
an Rohstoffen ...	455	152	33,4
„ Halbfabrikaten ..	283	210	74,2
„ Ganzfabrikaten ..	1344	1167	86,6

betrug. Das außerösterreichische Ausland war also — die Rohstoffe sind dabei außer Acht gelassen — beteiligt an der Einfuhr von:

Halbfabrikaten mit 25,8 Prozent des Gesamtimportes
Ganzfabrikaten „ 13,2 „ „ „
also mit einem geradezu verschwindend kleinen Prozentsatz!

Die Bedeutung des ungarischen Gasamtimportbedarfes tritt noch anschaulicher hervor, wenn er mit demjenigen anderer Staaten verglichen wird. Der Vergleich in allen drei Gruppen — nämlich Rohstoffe, Halbfabrikate und Ganzfabrikate — ist aber schwer durchzuführen, weil eben die Statistik der ausländischen Staaten auf verschiedenen Gruppenmethoden aufgebaut ist. Sie sind aber doch gleichförmig darin, daß die Ganzfabrikate, also die ganz fertigen Waren mit einzelnen Ausnahmen, die eine ge-

§ 2. Die Bedeutung des ungarischen Einfuhrbedarfes. 9

sonderte Behandlung erheischen, gesondert angeführt werden. Es ist also geboten, den Vergleich auf Ganzfabrikate zu beschränken, was umso eher geschehen kann, da vom Standpunkte der vorliegenden Studie der Schwerpunkt eben auf die Einfuhr der ganz fertigen Waren fällt. Um die Einfuhr der einzelnen Staaten richtig und systematisch erwägen zu können, ist es ferner angezeigt, nicht bloß die absoluten Einfuhrziffern, sondern auch die, mit Berücksichtigung der Bevölkerung ermittelbaren Verhältnisziffern anzuführen.

Auf dieser Grundlage kommen wir zu folgenden, aus den Daten des Jahres 1911 ermittelten Resultaten.

	Gesamteinfuhr in Millionen Kronen	Bevölkerung	Einfuhr fertiger Waren in Millionen Kronen	Per Kopf entfallende Einfuhr fertiger Waren in Kronen
Deutschland...	12 257	64 925 993	1 990	30,6
Italien	3 169	34 686 653	760	21,8
Bulgarien	169	4 329 108	116	27
Serbien	80	2 688 747	80	29,7

Hierzu sei bemerkt, daß bei Serbien mangels eines entsprechenden Anhaltspunktes in den statistischen Publikationen, auch in der Rubrik der fertigen Waren die Gesamteinfuhr des Landes eingestellt ist.

Die Daten der französischen, englischen, rumänischen und griechischen Statistik führen wir gesondert an, weil in den statistischen Publikationen dieser Länder die halbfertigen Waren nicht separat gruppiert sind, sondern zusammen mit den ganz fertigen Waren.

Frankreich . .	7 753	39 601 509	2 213	55,8
Großbritannien	16 372	45 216 665	3 500	77,4
Rumänien . .	385	5 956 690	67	11,2
Griechenland .	151	2 631 952	54	20,5

Die Resultate dieser letzteren Tabelle müssen also bei dem Vergleich einer entsprechenden starken Reduktion unterzogen werden. Oder aber es müssen gegenüber dieser letzteren Tabelle auch die auf Österreich und Ungarn bezughabenden Verhältniszahlen auf die gleiche Grundlage, also mit Summierung der Ganz- und Halbfabrikate — gebracht werden, was nachstehend auch durchgeführt erscheint. Die auf das ganze Vertragszollgebiet Österreich-Ungarns bezughabenden summierten Verhältniszahlen sind zwar nachstehend auch angeführt, dieselben haben aber entsprechend den vorangegangenen Erläuterungen keinen praktischen reellen Wert. Es gibt eben ein österreich-ungarisches Vertragszollgebiet, aber es gibt keinen österreich-ungarischen Menschen, keinen österreich-ungarischen Konsumenten, ebenso wie es beispielsweise einen englisch-italienischen Konsumenten nicht gibt! Es sind also von unserem Standpunkte nur jene Daten von Wert und Bedeutung, die für Österreich und Ungarn gesondert angeführt sind.

	Gesamteinfuhr in Millionen Kronen	Bevölkerung	Einfuhr in Millionen Kronen von Waren		Per Kopf entfällt Einfuhr in Kronen nach Waren	
			ganz fertig	halbfertig und ganz fertig	ganz fertig	halb und ganz fertig
Österreich-Ungarn	3 274	51 305 149	910	1 430	17,7	27,8
Österreich. . .	4 123	28 567 898	1253	1 796	43,8	62,8
Ungarn	2 082	20 840 678	1344	1 627	64,5	78,6

Es sei hierzu bemerkt, daß die Bevölkerung bei den summierten Daten Österreich-Ungarns einschließlich jener Bosniens angegeben ist, während dieselbe bei den gesondert angeführten Daten weder bei Österreich noch bei Ungarn in Rechnung gezogen wurde. Daher kommt es, daß die oben angeführten Bevölkerungszahlen Österreichs und Ungarns summiert die angeführte Bevölkerungszahl Österreich-Ungarns nicht genau ergeben.

Die Ergebnisse der in diesen Tabellen entwickelten Berechnungen sind von hoher Bedeutung. Sie verkünden, daß die relative Importziffer Ungarns die höchste unter den angeführten Ländern ist!

Die Ermittelung der Gründe dieser Erscheinung sei späteren Ausführungen vorbehalten. An dieser Stelle ist bloß die Tatsache an und für sich von eminenter Bedeutung, daß nicht allein der in absoluten Zahlen ausgedrückte Import fertiger und halbfertiger Waren nach Ungarn ein sehr hoher ist, daß vielmehr die relativen Verhältniszahlen es erst recht beleuchten, welch hervorragendes Interesse die ausländischen Industriestaaten an der Deckung des ungarischen Importbedarfes haben müßten. Die praktische Möglichkeit, daran nach Gebühr teilzunehmen, wird sich aber für die ausländischen Industriestaaten erst dann in Gänze eröffnen, wenn die Beziehungen der zwei Staaten auf die Grundlage der gesonderten Zollgebiete gestellt werden.

§ 3.
Angeblich störende Wirkungen der Zolltrennung.

Es ist bemerkenswert, daß selbst bei den spärlichen ausländischen Besprechungen der Zolltrennung, die für das ausländische Interesse in erster Reihe bestimmenden und soeben entwickelten Gesichtspunkte überhaupt nicht berücksichtigt werden und man begegnet sogar — namentlich von deutscher Seite — Darstellungen, welche die Zolltrennung störend und ungünstig für das außerösterreichische Ausland hinstellen! Hervorragende deutsche Volkswirte erhoben vor nicht geraumer Zeit insbesondere zwei Einwendungen.

Deutschlands Ausfuhr nach Ungarn — so wird argumentiert — besteht überwiegend aus Industrieartikeln, welche teilweise durch Vermittelung österreichischer Kaufleute nach Ungarn gelangen. Dieser Teil der deutschen Ausfuhr würde bei einer Zolltrennung aufhören, weil die deutschen Artikel den doppelten Zoll, — nämlich den österreichischen und den ungarischen — nicht ertragen könnten!

Es ist eigentümlich, daß eine derartige Auffassung von ernster Seite vertreten werden kann. Ist es denn nicht offenbar, daß der bekanntlich großzügige und geschäftskundige deutsche Industrielle sich willig den neuen Verhältnissen anpassen und freudig die direkten Beziehungen mit Ungarn aufnehmen wird, zumal die direkten Beziehungen ihm, zufolge des Wegfalles des auch sonst überflüssigen österreichischen Interventionsnutzens, größere Chancen bieten? Es ist nicht recht verständlich, wieso die erwähnte Annahme auftauchen konnte, wo doch die andere viel näher liegt, nämlich jene, wonach durch die gleiche Behandlung der deutschen Industrieerzeugnisse die deutsche Industrie im Gegenteil eine bedeutend größere Quote des ungarischen Bedarfes decken wird als bisher! Es liegt eine entschiedene Kurzsichtigkeit im Gedankengang, welche einen direkten Kontakt zwischen den deutschen und ungarischen Faktoren zu konstruieren nicht imstande ist und nur mittelbar über Österreich nach Ungarn gelangen zu können glaubt.

Die zweite Einwendung ist, daß sich Österreich statt der bisher für Ungarn erzeugten gröberen Artikel auf die Erzeugung feinerer Waren verlegen könnte, auf solche, welche bisher aus Deutschland nach Österreich importiert wurden, wodurch die deutsche Industrie den österreichischen Markt teilweise verlöre. Auch würde ferner die österreichische Industrie in Hinkunft der deutschen in dritten Ländern Konkurrenz bereiten, um sich für den verlorenen ungarischen Markt zu entschädigen.

Auch diesen Argumenten kann man nicht beipflichten.

Es wäre wahrhaftig töricht, daran zu denken, daß die ungarische Industrie über Nacht mit einem Zauberschlage in die Lage käme, unmittelbar nach der Zolltrennung den heimischen Konsum zu decken und dadurch die Einfuhr ausländischer Industrieartikel zu verdrängen. Der für Ungarn günstigste Fall ist wohl derjenige, daß die ungarische Industrie durch die Stärkung, die ihr die Zolltrennung gewährt, vorerst mit dem steigenden Konsum Schritt hält und vielleicht die weitere Steigerung des Importes verhindert! Selbst diese Etappenstufe dürfte

§ 3. Angeblich störende Wirkungen der Zolltrennung.

möglicherweise erst in einem späteren Zeitpunkte erreicht werden! Österreich kann also seinen Platz vorerst ganz gut behaupten. Die Zolltrennung dürfte sich unmittelbar eher darin fühlbar machen, daß die österreichische Industrie eben mit der außerösterreichisch ausländischen in Konkurrenz treten und der bisher genossenen monopolartigen Begünstigung verlustig, die Preise ihrer Erzeugnisse jenen der ausländischen anpassen müßte. Selbst in dieser Richtung genießt übrigens Österreich auch weiter die Vorteile der Nachbarschaft und der ererbten Kundschaft.

Die österreichische Industrie dürfte also vorerst die Folgen der Zolltrennung weniger empfinden als allgemein angenommen wird. Allerdings ist es verständlich und wahrscheinlich, daß sie nebst dem, für ihren weiteren, auch für die fernere Zukunft berechneten, ungestörten Betrieb Sorge tragen wird. Nun denn, das tut sie heute schon, auch im Zustande des Vertragszollgebietes!

Auf dem Gebiete des österreichischen Auswanderungswesens sind erst kürzlich Erscheinungen zutage gefördert worden, die den maßgebenden Faktoren zu denken geben und nebst der Intensivierung der Landwirtschaft ein kräftigeres Tempo in der Industrialisierung dringend nahelegen. Es hat sich herausgestellt, daß aus Galizien, der Bukowina, aus Dalmatien und Istrien jährlich über 100 000 Menschen auswandern! Auch Österreich kann diese Wunde mit keinen anderen Mitteln, denn mit der Hebung seiner Volkswirtschaft heilen. Eine kräftigere Industriebetätigung in Österreich wird aber vorerst auch keine andere Folgen haben, als daß die Industrie mit der natürlichen Steigerung des Konsums Schritt hält und dieser Erfolg wird umso höher anzuschlagen sein, als bekanntlich der österreichische Konsum sich in ungeahnten Dimensionen hebt. Es ist ferner nicht außer acht zu lassen, daß sich der österreichischen Industrie auch in Bosnien und in der Herzegovina ein dankbares Absatzgebiet eröffnete, wo sie sich infolge der Zurückgebliebenheit der ungarischen

Industrie vollauf entfalten kann und welches sich von Jahr zu Jahr entwickelt!

Die deutsche Industrie hat also nichts zu fürchten. Weder die Verringerung ihrer Ausfuhr nach Österreich noch die österreichische Konkurrenz in dritten fremden Ländern. Sie gewinnt nur die günstigen Auspizien, an dem ungarischen Import ungehindert und stärker als bisher zu partizipieren.

Was die österreichische Konkurrenz in dritten Ländern anbelangt, so hat just die deutsche Industrie keinen Anlaß zur Klage und zum Kleinmut. Die österreichische Industrie hat es auch in den letzten Jahren und auch gegenwärtig an Anstrengungen nicht fehlen lassen, ihren Export zu heben. Und siehe — sie mußte gerade vor der deutschen Industrie weichen. Und gerade dort, am Balkan, wo ihr die Nachbarschaft und die bereits früher erworbene Kundschaft unschätzbare Vorteile hätten sichern müssen! Die politische Neugestaltung am Balkan eröffnet aber wieder neue Absatzgebiete, bzw. erhöhte Konsumverhältnisse. Es ist daher Mangel an Raum und Gelegenheit zur Entfaltung industrieller Tätigkeit und weiterer Expansion nicht zu beklagen! Selbst in der unmittelbaren Nachbarschaft sind die Möglichkeiten der Expansion gegeben — von entfernteren Gebieten gar nicht zu sprechen.

Jedoch, gesetzt den Fall, daß durch die Zolltrennung die österreichische Industrie in dritten Ländern Betätigung suchte und dadurch Deutschland und den übrigen westlichen Industriestaaten Konkurrenz böte — wäre es angesichts der allgemeinen Exportmöglichkeiten, angesichts der großzügigen Kolonialpolitik der westlichen Industriestaaten und gerade Deutschlands wahrhaftig unangebracht, der gewiß nicht gefährlichen österreichischen Konkurrenz eine derselben gar nicht gebührende drohende Bedeutung zuzumessen.

Ähnliche Skrupel könnten aber, auch wenn sie begründet wären — so wie sie im gegebenen Falle nicht begründet sind — den wirtschaftlichen Entwickelungsgang

§ 3. Angeblich störende Wirkungen der Zolltrennung. 15

eines Landes nicht aufhalten. Ungarn hat gleich allen anderen Staaten das Recht, ein wirtschaftliches Leben zu führen, dasselbe stets intensiver auszugestalten, seine Zukunft, seine angestammten Rechte, seinen erworbenen Platz zu sichern, kurz, emporzusteigen. Und sobald man in Ungarn findet, daß das gesonderte Zollgebiet dieser Entwickelung vorteilhafter ist als das Vertragszollgebiet, dann kann eben das Land nicht gehindert werden, in den Genuß dieses vorteilhafteren Zustandes zu treten.

Im übrigen dürfte man den hier dargelegten Einwendungen und Befürchtungen selbst im deutschen Reiche nicht allgemein und ausnahmslos beipflichten. Gipfelt doch der Ruf nach Bildung von wirtschaftlichen Verbänden zwischen Österreich und Deutschland, welcher eben jetzt so häufig ertönt, gerade im Zusammenschluß der zwei Staaten zum Behufe der Weiterentwicklung des gegenseitigen Verkehres und der Industrien der beiden Länder!

Auch operiert man jeweilig mit der These von den „Großen wirtschaftlichen Einheiten", so oft die österreichisch-ungarische Zolltrennung in internationaler Beleuchtung behandelt wird. „Die Entwickelung der Weltwirtschaft" so heißt es, „bringt immer die Wahrheit zur Geltung, daß nur große wirtschaftliche Einheiten imstande sind, in den internationalen Verhältnissen ihren Platz zu behaupten und ihre Interessen wirklich zur Geltung zu bringen."

Diese These wird geradezu axiomatisch aufgestellt und doch scheint sie durchaus nicht unfehlbar zu sein.

Vorerst vom Standpunkte der außerhalb der wirtschaftlichen Einheit stehenden Gemeinwesen, also vom internationalen Standpunkte im weiteren Sinne dieses Begriffes, ist es immer fraglich, ob die Weltwirtschaft keinen ungestörteren, freieren und gedeihlicheren Verlauf nehmen würde, wenn sich die wirtschaftlichen Einheiten auf ein natürlicher begrenztes Gebiet beschränken würden, auf welchem die Völker eine intensivere Arbeit verrichten und ihre Eigenart intensiver zur Geltung bringen könnten. Die

Annahme ist durchaus nicht unbegründet, wonach bei einer solchen Gestaltung eine liberale Änderung der Wirtschaftssysteme stets leichter durchsetzbar wäre. Die Spitzen der allzugroßen wirtschaftlichen Einheiten sind mehr oder weniger gegen die außerhalb derselben stehenden gerichtet und der Wille der Machthaber artet nur zu oft in eine Willkür aus. Die kleineren Wirtschaftsgebiete sind also oft in ihrer Existenz bedroht — eine Gestaltung, die nichts weniger als gesund zu nennen ist und inmitten derselben die großen Einheiten ihren Zweck, ihre Interessen wirklich zur Geltung zu bringen, kaum erreichen werden.

Allerdings sind das heutzutage nur rein theoretische, ja selbst anachronistisch anmutende Betrachtungen. Die politischen Gestaltungen verfolgen diametral entgegengesetzte Richtungen und es schweben den Machthabern bei ihren Expansionsbestrebungen weniger jene wirtschaftlichen Wirkungen vor Augen, welche dieselben nach außen, also in internationaler Hinsicht zur Folge haben, als jene, welche sich nach innen, im eigenen Lande vollziehen.

Von diesem Standpunkte soll es nicht geleugnet werden, daß ein großes wirtschaftliches Gebiet zufolge seiner größeren Kraft- und Machtquellen mit größeren und wirksameren Machtmitteln auftreten und seinen Willen, wenn es nottut selbst mit Zwangsmaßregeln leichter durchsetzen kann. Und geschieht das mit einer weisen Mäßigung, so können die eigenen Interessen wirklich zur Geltung gebracht werden.

Aus dieser Erkenntnis folgt aber noch nicht, als könnten die eigenen Interessen nur durch eine solche Gestaltung zur Geltung gebracht werden und insbesondere nicht, daß sich die kleineren Wirtschaftsgebiete in einer inferieuren Lage befänden, und daß sie ihre Plätze nicht zu behaupten und ihre Interessen nicht zur Geltung zu bringen vermöchten!

Im allgemeinen läßt sich eher feststellen, daß heutzutage die wirtschaftliche Macht denn doch nicht ausschließlich im Umfange eines Gebietes, sondern in erster

§ 3. Angeblich störende Wirkungen der Zolltrennung.

Reihe in der wirtschaftlichen Kraft desselben besteht. Wir sehen, daß die wirtschaftliche Kraft allein, verhältnismäßig kleineren Wirtschaftsgebieten einen imponierenden, ja richtunggebenden Platz unter den Kulturvölkern sichert und man hat dort gar keine Sorge um die Durchsetzung der Wirtschaftsinteressen. Man sieht sogar, daß selbst die wirtschaftlich zurückgebliebeneren Staaten, selbst jene am Balkan und anderwärts, ihre wirtschaftlichen Interessen sehr gut zu verteidigen und ihren Wünschen Geltung zu verschaffen wissen. Man sieht im allgemeinen, daß die großen Wirtschaftsgebiete alle Hände voll Arbeit haben, bis sie mit den „kleineren" auf gütliche Art und in entgegenkommender Weise zu einem wirtschaftlichen Einvernehmen gelangen und nur zu oft sind es eben die „großen", die nachgeben. Letztere wissen eben sehr wohl die Vorteile zu schätzen, die ihnen die „kleinen" bieten. Zollkriege sind durchaus nicht auf der Tagesordnung, und wenn solche hie und da vorkamen, hat man es stets behutsam vermieden, festzustellen, ob die kleineren oder die größeren die bedeutendere Schlappe davontrugen. Um Beispiele käme man wahrhaftig nicht in Verlegenheit.

Die These von den großen wirtschaftlichen Einheiten dürfte also doch nicht so ganz ohne Beweisführung und axiomatisch und insbesondere nicht mit der hartnäckigen Behauptung hingestellt werden, daß sie eine ausnahmslose, allgemeine Geltung habe. Kurz, man sollte jeden einzelnen Fall gesondert behandeln und prüfen, und insbesondere scheint es angezeigt, der Struktur der einzelnen Fälle eine besondere Beachtung zu widmen.

Zunächst wird eine wirtschaftliche Einheit zweifelsohne in einer politischen Einheit vorzufinden sein. Je größer ein politischer Staat, desto größer das Gewicht desselben auch in wirtschaftlicher Hinsicht, vorausgesetzt, daß die Produktions- und Aufnahmefähigkeit im Verhältnis zum Umfang steht. Wenn nun der politische Staat, auf dessen Einheit sich die Wirtschaftsfaktoren stützen, groß und mächtig ist, wird derselbe auch in wirtschaftlicher Hinsicht seinen Platz behaupten und seine Interessen zur Geltung bringen — insbesondere wenn auch die ethnographische Einheit vorhanden ist! Aber selbst in diesem Falle muß eine entsprechende Produktion respektive Aufnahmefähigkeit des Landes vorausgesetzt werden, ohne welche das wirtschaftliche Gewicht und die Bedeutung eine wesentliche Einschränkung erfahren müßten.

Wenn nun die in Rede stehende These auf diese Gestaltung in abstrakto auch passen würde, im gegebenen konkreten Falle kann von ihrer Anwendung auf die Wirtschaftsgebiete Österreichs und Ungarns gar nicht gesprochen werden, da doch von einer politischen Einheit der zwei Gebiete keine Spur vorhanden ist!

Es käme sodann der reale wirtschaftliche Zusammenschluß von verschiedenen, gesonderten politischen Einheiten in Betracht, gleichviel ob sich derselbe auf alle oder bloß einzelne Wirtschaftsangelegenheiten erstreckt.

Das wäre der Zustand, in welchen sich die zwei Staaten Österreich und Ungarn versetzten.

Sowohl im allgemeinen als im vorliegenden konkreten Falle hängt der Wert eines solchen Zusammenschlusses und die Beantwortung der Frage, ob sich der Satz von den Vorteilen der großen wirtschaftlichen Einheiten bezüglich solcher Gestaltungen bewährt oder nicht, von der wirtschaftlichen Homogenität respektive Heterogenität der zum Anschluß herangezogenen einzelnen staatsrechtlichen Individualitäten ab.

Wäre ein realer Zusammenschluß verschiedener staatsrechtlicher Individualitäten überhaupt angezeigt, dann könnte man einem solchen nur dann das Wort sprechen, wenn dieselben in wirtschaftlicher Beziehung homogen sind, wenn also die einzelnen Elemente auf derselben oder zumindest auf einer ähnlichen wirtschaftlichen Entwickelungstufe stünden, und wenn dieselben der Natur ihrer wirtschaftlichen Entwickelungsfähigkeiten und Entwickelungsmöglichkeiten nach gleichartig sind, wenn also

§ 3. Angeblich störende Wirkungen der Zolltrennung.

die abgesteckten und unmittelbar zu erreichenden Ziele derselben identisch sind.

Sind aber die einzelnen Elemente dem wirtschaftlichen Wesen und den materiellen Kräfteverhältnissen nach heterogen, dann sind sie zu einem Zusammenschluß ganz und gar untauglich. Es ist nur dem Scheine nach richtig, daß ein auf primitiver wirtschaftlicher Entwickelungsstufe stehender Staat durch den wirtschaftlichen Zusammenschluß mit einem auf hohe wirtschaftliche Entwicklung gelangten Staatswesen einen wahrhaftigen, nicht nur für den Augenblick bestehenden, sondern auch in die Zukunft reichenden Vorteil genießt. Die Bestrebungen solcher Staatswesen sind eben nicht kongruent und der Zusammenschluß wirkt gewissermaßen perennierend auf den primitiven Zustand des ersteren. Es ist auf der Hand liegend, daß bei einer solchen Vereinigung oder Anlehnung der wirtschaftlich stärkere, selbst wenn er den schwächeren und zurückgebliebenen nicht ausnützt, die Kräfte des letzteren bindet und die Entwicklung derselben unterbindet. Die ehernen Gesetze der sozialen Wirtschaftslehre können eben in solchen Fällen nicht zur Geltung kommen. Der schwächere und zurückgebliebenere Teil wird gehindert, auf ein höheres Wirtschaftsniveau zu gelangen.

Das waren ja ehemals die Beweggründe für die Politik der wirtschaftlichen Absonderung. Die Zurückgebliebenen konnten sich nicht auf ein höheres wirtschaftliches Niveau schwingen, die Energien derselben konnten nicht zur vollen Entfaltung gelangen. Man mußte sie durch Absonderung schützen, um eine wirtschaftliche Gleichstellung zu bewirken. Und da diese Methode sich glänzend bewährte, kann man eine diametral entgegengesetzte nicht befolgen. Zumindest nicht bevor der Zweck der wirtschaftlichen Gleichstellung eingetreten ist! Sobald dieser Zweck erreicht ist, wird das jetzige System voraussichtlich durch ein anderes, eventuell durch das frühere abgelöst werden. Das herrschende muß also rechtzeitig ausgenützt werden, ein Versäumnis wird kaum mehr nachzuholen sein!

Die wirtschaftliche Kraft und Entwicklung Österreichs steht bekanntlich auf einer ungleich höheren Stufe als jene Ungarns, von einer Homogenität ist nichts zu merken, und folglich können die Vorteile, die eine homogene, große wirtschaftliche Einheit eventuell zur Folge haben könnte, nicht zur Geltung kommen. Die These der großen wirtschaftlichen Einheiten ist also als Argument auch für den realen Zusammenschluß, respektive für die Zollgemeinsamkeit oder für das Vertragszollgebiet zwischen Österreich und Ungarn nicht gut applizierbar. Zur Zeit der Vereinigung konnte sie selbstredend schon gar nicht angewendet werden. Die Anwendung kann aber auch heute nicht erfolgen. Ungarn hat es bis zur Stunde versäumt, seine Energien durch das allgemein herrschende und bewährte System zu schützen, es ist dem Lande nach wie vor benommen, seine Kräfte als Industriestaat voll zu entfalten und dadurch auf jenes höhere wirtschaftliche Niveau zu gelangen, dessen Erreichung die einzige Grundlage für den wirtschaftlichen Zusammenschluß mit Österreich auf Basis der wirtschaftlichen Homogenität böte.

Nur die Einmütigkeit und die Homogenität der Elemente verleiht einer Vereinigung die Kraft, die nach innen gedeihlich wirkt und nach außen imponiert. Die durch die Verschiedenartigkeit der Elemente verursachten Abweichungen und Uneinigkeiten lassen einen geschlossenen Vorgang gar nicht zu, und die Kompliziertheit der Ziele und Interessen führt dann gewöhnlich zu forcierten Kompromissen, zu einer verfehlten Wirtschaftspolitik, deren Folgen oft erst später, im gegebenen Falle nur allzu früh zutage traten. Bei der Erledigung der ausländischen Handelsverträge treten diese, zufolge der Sonderinteressen der Kompaziszenten unausbleiblichen Komplikationen besonders störend in den Vordergrund.

Der Deutsche Zollverein mit dessen Analogie für das österreichisch-ungarische Vertragszollgebiet gewöhnlich argumentiert und auch sehr oft Mißbrauch getrieben wird, kann keineswegs als treffendes Beispiel gelten. Der Zoll-

§ 3. Angeblich störende Wirkungen der Zolltrennung. 21

verein ist aus ganz anderen Gesichtspunkten zu beurteilen. Vor allem war eine gewisse wirtschaftliche Homogenität der deutschen Bundesstaaten nie zu verkennen gewesen. Das zeigte auch der ganze Aufbau des Tarifs des Zollvereins. Wenn aber trotzdem eine Differenz in der wirtschaftlichen Entwicklung der einzelnen Staaten des Zollvereins bestand, wie beispielsweise zwischen den sogar geographisch geteilt gewesenen Ost- und Westprovinzen Preußens, so war diese Verschiedenartigkeit doch nur in den Nuancen wahrnehmbar. Doch selbst diese Nuancen waren paralysiert durch die nationale Homogenität. Um diese zu schützen hat der Deutsche Zollverein den Anschluß von nichtdeutschen Mitgliedern jedesmal sogar abgewiesen und bekanntlich selbst den Beitritt Österreichs zu vereiteln verstanden. Wenn also zwischen den einzelnen Mitgliedern des Zollvereins geringere Unterschiede im wirtschaftlichen Entwicklungsgrad auch bestanden, so wurden dieselben durch den zur politischen Einheit führenden festen Kitt der natürlichen Zusammengehörigkeit und Blutsgemeinschaft ausgeglichen. Und kraft dieser Zusammengehörigkeit und nationalen Homogenität wurde auch der Deutsche Zollverein tatsächlich zum Vorläufer und Pfadfinder der deutschen politischen Einheit.

Der Deutsche Zollverein bietet also weder in seinem Entstehen, noch in seinem Aufbau eine Analogie mit dem österreichisch-ungarischen Vertragszollgebiete und sein großer Erfolg kann also auch nicht als Prüfstein des letzteren dienen. Die Unterschiede sind grundverschieden, das Beispiel nicht zutreffend.

Eher könnte man den Deutschen Zollverein als Beispiel dafür anführen, daß eine wirtschaftliche Einheit eben nur dort am Platze ist, wo die nationalen Vorbedingungen einer nationalen Einheit, einer Verschmelzung zu einer einheitlichen staatsrechtlichen Individualität vorhanden sind.

Es dürfte an dieser Stelle nicht unangebracht sein, darauf hinzuweisen, daß jene, die den Satz von den großen wirtschaftlichen Einheiten verkünden, ja sogar einer weiteren europäischen Zollunion das Wort reden, gleichzeitig die Notwendigkeit der Änderung des gegenwärtigen Wirtschaftssystems in liberaleren, nach den Prinzipien des Freihandelssystems neigenden Richtungen propagieren. Und doch scheinen zwischen diesen Gedanken vielleicht Berührungspunkte, aber keine direkten Wechselbeziehungen zu bestehen.

Es könnte sogar das Gegenteil behauptet werden. Die Gruppierung nach großen wirtschaftlichen Einheiten und noch mehr jene nach einer, kleinere oder größere Gebiete umfassenden europäischen Zollunion bedeutet und bezweckt mehr oder weniger eine Abschließung, eine Abwehr, eine Verteidigung, — aber auch einen Angriff auf andere wirtschaftliche Gruppierungen. Das gegenwärtig herrschende Wirtschaftssystem ist aber eben schon ein Abschließungssystem, welches durch das geplante nur noch verschärft wird! Eine liberale Änderung, eine Annäherung zum Freihandel könnte also im Gegenteil nur durch die Bekämpfung einer weiteren Abschließung und dadurch erfolgen, daß die Energien der verschiedenen Wirtschaftsgebiete innerhalb ihrer bisherigen Wirkungssphären weiterentwickelt und auf ein gleichmäßiges Niveau gebracht werden.

Allerdings, die Verkünder dieser Gedanken — in erster Reihe die Wirtschaftsverbände und darunter an erster Stelle die Mitteleuropäischen Wirtschaftsvereine — stellen dieselben in recht losen Umrissen in eine recht ferne Perspektive, gewissermaßen als Idealgedanken hin. Dementsprechend besteht auch das Referatmaterial dieser Verbände aus ganz anderen Gegenständen, wodurch das ungestörte Zusammenwirken an den Tagungen gesichert ist.

Es wäre aber auch ganz überflüssig und durchaus nicht zweckdienlich, die wirtschaftlichen Idealgedanken in den Vordergrund zu stellen. Im Grunde genommen verkörpern die Verbände, auf welche Berufung geschah, eben durch die Eliminierung oder Zurückstellung der erwähnten Ideal-

§ 3. Angeblich störende Wirkungen der Zolltrennung. 23

gedanken, welche sonst das Hervortreten prinzipieller Gegensätze bewirken würden, — die größte wirtschaftliche Einheit im reinsten, echten und edlen Sinne dieses Begriffes. Jene, die zugleich auch eine internationale wirtschaftliche Einheit bildet und die sich im Zwecke und in den Zielen der Verbände und in der zur Verwirklichung derselben geleisteten tüchtigen Arbeit der bedeutendsten Männer von den verschiedensten Ländern offenbart.

Der Zweck solcher Verbände kann nur der sein, die internationale Öffentlichkeit für die großen Ideale der Eintracht und der Solidarität zu gewinnen, welche auch auf wirtschaftlichem und materiellem Gebiete zwischen den Völkern bestehen sollen, die Identität der wirtschaftlichen Endziele in das Bewußtsein der Völker zu prägen, in wirtschaftlichem und sozialem Interesse eine gemeinsame Verständigung und Verteidigung herbeizuführen und einheitliche, liberale Wirtschaftssysteme, wirtschaftliche Einrichtungen und wirtschaftslegislatorische Verfügungen zu propagieren, durch einen unmittelbaren Verkehr der zunächst Beteiligten die Schärfen der wirtschaftlichen Gegensätze und die zollpolitischen Anordnungen zu mildern, die gemeinschaftlichen Interessen herauszufinden, den Warenverkehr dadurch zu erleichtern und zu fördern und den Boden für die Schaffung solcher auswärtiger Handelsverträge vorzubereiten, welche womöglich den Interessen aller Beteiligten dienen, kurz, die Völker zur Erkennung ihrer identischen Wirtschaftsziele zu erziehen und die Schaffung der materiellen und geistigen Vorbedingungen zur Erreichung derselben auf allen Gebieten anzustreben.

Bei der Besprechung des realen, wirtschaftlichen Zusammenschlusses verschiedener Gemeinwesen wurde derselbe zwar an und für sich bekämpft, die Homogenität in der wirtschaftlichen Entwicklungsstufe der sich anschließenden Individualitäten aber als unerläßliche Vorbedingung entwickelt, falls ein solcher realer Zusammenschluß als notwendiges Übel denn doch erfolgen müßte. Hier dagegen, vom Standpunkt der freien sozialwirtschaftlichen Verbände ist ein solcher Zusammenschluß grundsätzlich als heilsam erkannt worden. Je größer die Gebiete, welche durch solche Verbände vertreten sind, desto sicherer die Grundlage der wirtschaftlichen Solidarität, auf welcher eine höhere europäische wirtschaftliche Einheit sich ausbilden kann. Sie führt zur materiellen Erstarkung, welche ein gemeinsames Interesse der Völker, einer der Faktoren zur Verbreitung der Zivilisation ist.

An den Arbeiten ähnlicher Verbände, an der Propagierung und Verwirklichung der Anregungen und Ideen können Vertreter aller Nationen mitwirken, gleichviel welches wirtschaftliche System sie befolgen, und sobald diese Ideen Gemeingut werden, ist die wirtschaftliche Annäherung der Nationen zum größten Teile auch schon vollzogen.

Mit dieser Annäherung ist aber auch der Boden für freie und gleiche Wirtschaftssysteme vorbereitet. Ob dieselben auch in der Wirklichkeit befolgt werden, hängt sodann lediglich davon ab, ob die betreffenden einheimischen Wirtschaftsfaktoren der einzelnen Gebiete das entsprechende gleiche Niveau der übrigen Wirtschaftsgebiete erreicht haben. Ist aber die Befolgung gleicher und liberaler Wirtschaftssysteme ein Gebot der höheren, internationalen und zivilisatorischen Wirtschaftsinteressen, dann erheischt auch dieses höhere internationale Interesse, daß die einzelnen Wirtschaftsgebiete sich von gebundenen Beziehungen losmachen, welche denselben einen sterilen Kampf nach zwei Fronten auferlegen und die Erreichung jener notwendigen gleichmäßigen Entwicklungsstufe vereiteln, welche zu den freien, liberalen Wirtschaftssystemen führt.

Diese hier angedeuteten, gebundenen Beziehungen sind es, welche bekanntlich zwischen Österreich und Ungarn bestehen und in dem Komplex der Interessen, welche sich an deren Lösung knüpfen, können folgerichtig auch jene internationalen Züge nicht fehlen, welche soeben entwickelt wurden. Die zwei Staaten der österreichisch-ungarischen Monarchie können nur durch eine, ihren

§ 3. Angeblich störende Wirkungen der Zolltrennung.

wahren Interessen entsprechende Neuregelung ihrer wirtschaftlichen Beziehungen in einer höheren europäischen Einheit zum Wohle derselben Schulter an Schulter für die parallelen Ziele derselben mitwirken. Wie ersichtlich sind es nicht allein matèrielle und eigene, sondern auch moralische und allgemeine Interessen, welche bei der Zollgebietsfrage zu Worte kommen. Die wirtschaftlichen Vorgänge und die wirtschaftspolitische Entwicklung der österreichisch-ungarischen Beziehungen haben also vollen Anspruch auf das Interesse des Auslandes. Die bisher beobachtete Gleichgültigkeit ist keineswegs begründet und die Hoffnung und die Erwartung vollauf gerechtfertigt, daß die große Öffentlichkeit des Auslandes dem ungarischen Markte, der Eröffnung desselben für den internationalen Wettbewerb und für die Entwicklung der österreichisch-ungarischen Wirtschaftsbeziehungen eine erhöhte Beachtung widmen wird.

Ist aber die Aufmerksamkeit der großen Öffentlichkeit im Auslande für diese Frage gewonnen, dann muß sie auch über die wirtschaftlichen Strömungen in Ungarn und die Beweggründe derselben unterrichtet sein. Es ist sogar nicht ausgeschlossen, daß eben der Mangel an Übersicht des Stoffes, die Unkenntnis der verschiedenen Aspirationen die Gleichgültigkeit entstehen ließ.

Zweiter Teil.
Die Handels- und Zollpolitik aus dem Gesichtspunkte der ungarischen wirtschaftlichen Interessen.

Erster Abschnitt.
§ 4.
Überblick der Gesichtspunkte.

Die Gebiete des ungarischen und des österreichischen Reiches umringt zurzeit vertragsmäßig eine einheitliche Zollgrenze. So wurde es nach langwierigen Vertragsverhandlungen zwischen den zwei Staaten, zuletzt am 8. Oktober 1907 bestimmt. Der Vertrag selbst wurde in Ungarn mit Gesetzartikel 1907 : LIV. inartikuliert und währt bis zum 31. Dezember 1917. Es müssen aber die Verhandlungen über die künftigen ab 1918 festzulegenden wirtschaftlichen Beziehungen der zwei Staaten schon im Jahre 1915 aufgenommen werden!

Sowohl der wirtschaftliche Zustand einer Zollgemeinsamkeit, als auch jener der Zolltrennung hat selbstredend Anhänger und Widersacher, und hängt die künftige Gestaltung der Handels- und Zollpolitik davon ab, aus welchem wirtschaftlichen Lager bei den jeweiligen künftigen Verhandlungen, zunächst also im Jahre 1915 die Regierung hervorgehen wird, und unter welchen sonstigen politischen Verhältnissen sie die Geschäfte führt.

Die leitenden Beweggründe der beiden antipodischen wirtschaftlichen Richtungen entspringen teils politischen teils wirtschaftlichen Überzeugungen.

Die wirtschaftlichen Motive müssen aber je nachdem

§ 4. Überblick der Gesichtspunkte.

sie sich auf die Interessen der Industrie oder auf jene der Landwirtschaft stützen, gesondert behandelt werden. Eine gesonderte Behandlung erfordert ferner die wirtschaftliche Bilanz des Landes. Die Ergebnisse derselben gestatten es, zuverlässige Schlüsse auf unseren Gegenstand abzuleiten.

Gewiß gibt es auch noch andere Gesichtspunkte, aus denen die Handels- und Zollpolitik betrachtet werden kann. Ist es doch zweifellos, daß eine solch tiefreichende Änderung im Wirtschaftsleben einer Nation, wie der Übergang auf ein neues Wirtschaftssystem, keinen einzigen Faktor des nationalen Lebens — sei es auf wirtschaftlichem, sozialem, kulturellem oder politischem Gebiete — unberührt läßt.

Trotzdem ist es geboten, sich auf die hier entworfene Einteilung zu beschränken. Nicht nur aus Rücksichten, welche eine je konzisere Fassung des Materiales wünschenswert erscheinen lassen, sondern auch, weil neben den politischen Gesichtspunkten jene der Industrie, der Landwirtschaft und der wirtschaftlichen Bilanz im allgemeinen es sind, welchen eine entscheidende und ausschlaggebende Rolle zufällt.

Es ist ferner auch zweifellos und unbestritten, daß jenes Wirtschaftssystem — also im gegebenen Falle die selbständige wirtschaftliche Einrichtung auf Grund des gesonderten Zollgebietes — welches den führenden Faktoren des nationalen Lebens zum Heile gereicht, folgerichtig auch die Interessen aller übrigen Faktoren ein und desselben Organismus befriedigen muß. Doch, selbst wenn dem nicht so wäre, auch dann müßten sich diese Faktoren den Anforderungen der ersteren anpassen.

Zum Nachweise des Gesagten wird eine kurze Auslese genügen.

Zunächst käme der Handel — nebst der Landwirtschaft und der Industrie der dritte Faktor im Wirtschaftsleben — in Betracht und es wäre wahrlich keine undankbare Aufgabe, auf breiter und gesonderter Grundlage den Nachweis zu führen, daß auch dieser durch die Zolltrennung einen vehementen Aufschwung nehmen muß. Doch ist dieser Aufschwung auch eine unmittelbare Folge jener wohltätigen Wirkungen, welche die Zolltrennung, wie es sich zeigen wird, auf Landwirtschaft und Industrie übt. Beide werden den Handel bei Plazierung ihrer Produkte stärker in Anspruch nehmen müssen als ehedem.

Durch die Zolltrennung wird erst der ungarische Handel — von der österreichischen Vormundschaft befreit — sich großzügig entfalten, sowohl im Export als Import sich frei betätigen und die Früchte der durch die neuen Verbindungen sich erschließenden neuen Erwerbsgelegenheiten einheimsen können.

Die Handelspolitik wird nach der Zolltrennung nur die Interessen der ungarischen wirtschaftlichen Faktoren, darunter jene des ungarischen Handels berücksichtigen und die Handelsverträge werden ausschließlich den ungarischen Interessen dienen.

Man sieht, daß es gar nicht notwendig ist, auf den Umstand hinzuweisen, daß sich der Handel als Bindeglied zwischen Produktion und Konsum den Interessen dieser zwei großen Gruppen anpassen und unterordnen muß. Auch seine eigenen Interessen fordern die Zolltrennung.

Auch dem Konsum kommt die Zolltrennung zustatten. Durch die Entwicklung von Landwirtschaft und Industrie wird er eine namhafte Steigerung erfahren. An eine Preiserhöhung der Konsumartikel ist aber trotzdem nicht zu denken. Die österreichischen Industrieartikel genießen nämlich im Vertragszollgebiet die volle Höhe der Industriezölle, da dieselben, wie es an anderer Stelle nachgewiesen werden wird, voll zur Geltung kommen. Hieraus folgt aber, daß im gesonderten Zollgebiete bei freier Konkurrenz keine Erhöhung im Preise eintreten kann. Von einer Preiserhöhung der landwirtschaftlichen Produkte kann aber schon gar nicht gesprochen werden. Sind es doch eben die Anhänger des Vertragszollgebietes, die sogar einen Preissturz derselben im Zustande des gesonderten Zollgebietes befürchten!

§ 4. Überblick der Gesichtspunkte. 29

Häufig bringt man auch die Notenbankfrage mit jener der Zolltrennung in Zusammenhang. Ein Zusammenhang zwischen beiden Fragen besteht allerdings, eine nachteilige Gestaltung in der Deckung der Kreditbedürfnisse kann aber schlechterdings nicht prognostiziert werden. Das wäre nur möglich, wenn die Zolltrennung einen Rückfall in der wirtschaftlichen Entwicklung, eine Verschlechterung der Handelsbilanz und insbesondere der Zahlungsbilanz zur Folge haben könnte. In diesen Fällen würde vielleicht die Sicherung der Valuta vorübergehend durch eine Verschiebung im Zinsfuß Opfer erheischen. Nun denn, selbst dieses Opfer, welches etwa in Bruchteilen eines Prozentes zum Ausdruck käme, dürfte aus höheren wirtschaftlichen Interessen nicht allzu hoch anzuschlagen sein. Es fehlt sogar nicht an Äußerungen unbestrittener Autoritäten, die in einem höheren Diskontsatz durchaus keine wirtschaftliche Kalamität erblicken. Unter anderem äußert sich auch Schrant in diesem Sinne.

Die Voraussetzung einer solchen Gestaltung ist aber ganz und gar unzutreffend. Wie bereits angedeutet, wird es sich zeigen, daß — ganz im Gegenteil, alle wirtschaftlichen und sonstigen Faktoren des nationalen Lebens eine kräftige Förderung im gesonderten Zollgebiete erfahren werden. Die Prämissen sind also hinfällig. Die Notenbank wird die Kreditbedürfnisse im gesonderten Zollgebiet des ungarischen Staates ungestört und unter denselben oder analogen Bedingungen und Umständen befriedigen können, unter welchen die westlichen Notenbanken ihre Aufgaben erfüllen.

Die wirtschaftlichen Beziehungen der zwei Staaten betrachtet man oft auch aus empirischem Gesichtspunkte, was an und für sich nicht beanstandet werden kann. Es dürfen aber aus Symptomen, die sich unter der Herrschaft eines bestimmten Systems ergaben, auf den absoluten Wert des Systems keine Schlüsse gezogen werden. Zumindest nicht ohne vorerst die Symptome und das System selbst genau analytisch zu erforschen und durch Parallelen zu beleuchten. Just diesen Vorgang befolgen aber jene Empiriker, welche die Zollgemeinsamkeit für Österreich und insbesondere für Ungarn als das beste der Wirtschaftssysteme, als ein Schibbolet der besten Einrichtungen hinstellen, — einzig und allein aus dem Grunde, weil Ungarn während der letzten 46 jährigen Herrschaft dieses Systems, Symptome eines respektablen wirtschaftlichen Aufschwungs zeigte.

Es wäre töricht, den bedeutenden wirtschaftlichen Aufschwung Ungarns seit 1867 anzuzweifeln. Doch beweist diese Tatsache nur die außerordentliche Urkraft des Bodens und des Volkes, den Reichtum und die Schätze des Landes. Nichts anderes. Diesen Faktoren gelang es eben, selbst das herrschende System zu bekämpfen und zu überwinden und eine staunenswerte Entwicklung herbeizuführen. Diese Erfolge sind aber keine Wertmesser des Wirtschaftssystems. Sie könnten zu solchen werden, wenn es gelänge nachzuweisen, dass Ungarn während dieser 46 Jahre im Vergleiche mit den übrigen, unter anderen Wirtschaftssystemen lebenden Nationen den Grad der Entwicklung, welchen jene Nationen erreichten — überschritten hat!

Dieser Beweis ist aber wohlweislich nie angetreten worden.

Es ist eben offenbar, daß die Entwicklung der übrigen in Betracht kommenden europäischen Staaten einen unvergleichlich rapideren Verlauf nahm. Sind wir ja sogar in der Bodenkultur — also auf nicht industriellem Gebiete — selbst heute noch weit hinter dem Durchschnittsertrage des Westens zurück. In Deutschland betrug der relative Ernteertrag in Weizen im Durchschnitt der letzten 20 Jahre 18,6 und im Jahre 1912 sogar 22,6 gegen den zwanzigjährigen Durchschnittsertrag Ungarns von 12,1 und jenen des Jahres 1912 von 12,7 Quintal pro Hektar.

Die Folgerungen auf den absoluten Wert des gemeinsamen Wirtschaftssystems sind also offenbar irrtümliche und auch willkürliche. Hierbei werden aber auch sonstige entscheidende Begleitumstände außer acht gelassen.

Ungarn hatte vor 1867 bekanntlich keine Muße zur wirtschaftlichen Betätigung. Wir hatten Jahrhunderte währende Kämpfe zu bestehen. Dann kamen die Ereignisse des Jahres 1848 und schließlich der Absolutismus. Es würde also geradezu ein Zeugnis der Lebensunfähigkeit gewesen sein, wenn nach Eintritt einigermaßen geordneter Verhältnisse eine ungestüme, wirtschaftliche Entwicklung der unverbrauchten Urkräfte ausgeblieben wäre!

Der Umstand an und für sich, daß eine Pflanze Blüten treibt, kann noch nicht als Beweis für die absolut vorteilhafte Beschaffenheit des Bodens und für die Gunst sonstiger Wachstumsumstände gelten. Es muß vorerst die Frucht untersucht und mit jener verglichen werden, welche diese Pflanze unter anderen Verhältnissen hervorbringt — erst dann sollte ein abschließendes Urteil abgegeben werden dürfen.

Die berührten Gesichtspunkte sind, wie vorausgeschickt, nicht erschöpfend. Das angeführte Material dürfte aber zum Nachweise dessen vollauf genügen, daß die Zolltrennung, falls sie sich für die im Wirtschaftsleben hegemonisch wirkenden Faktoren wünschenswert erweisen sollte, aus dem Gesichtspunkte der übrigen Faktoren des nationalen Lebens nicht bekämpft werden kann.

Zweiter Abschnitt.

§ 5.
Politik und Zolltrennung.

Die Anhänger der Zolltrennung bezeichnen es als unstatthaft, daß sich ein selbständiger Staat, wenn auch durch freie Willenskundgebung, auf irgendwelchem Gebiet seiner Politik — im gegebenen Falle in der Führung seiner Handels- und Zollpolitik — irgendwelche Schranken auferlege. Es sei fesselnd, daß man während der Dauer des Zollvertrages doch gezwungen ist, die Handelsverträge mit den außerösterreichischen ausländischen Staaten im

Einvernehmen mit Österreich abzuschließen. Gewiß handelt es sich um keine Souveränitätspreisgebung. Die Entschließung erfolgt stets aus freien Stücken. Es muß aber doch immer ein Einvernehmen erzielt werden, will man die betreffenden Handelsverträge überhaupt zum Abschlusse bringen. Und wenn man bei den Verhandlungen und dem Abschlusse auch gewisse Formalitäten einhält, durch welche die Selbständigkeit beider Staaten zum Ausdruck gelangt, können sich trotzdem falsche, auch auf die Begriffe über die politischen Verhältnisse rückwirkende Auffassungen einnisten. Kurz, man wünscht, daß auch in wirtschaftlichen Fragen den Entschließungen keine Schranken gezogen werden, selbst durch eigene und freie Willensäußerungen nicht.

Die Vertreter der Zollgemeinsamkeit greifen aus all dem die Unbeschränktheit der eigenen Willensäußerung heraus. Sobald dieselbe evident ist und sobald durch dieselbe die wirtschaftliche Separation jederzeit erwirkt werden kann, ist von einer Beeinträchtigung nicht zu sprechen. Es sei opportun, wird behauptet, das Vertragszollgebiet beizubehalten, da die wirtschaftliche Separation auch auf die politischen Bande lockernd rückwirken könnte.

Wie ersichtlich, ist man in beiden Lagern darin einig, daß durch die wirtschaftlichen Beziehungen und namentlich durch das Vertragszollgebiet die Selbständigkeit und die Souveränität keinerlei Abbruch erleidet. Den Argumenten und Bedenken der Zolltrennungsanhänger kann man sich aber trotzdem nicht verschließen. Dieselben mögen vielleicht als doktrinäre bezeichnet werden können, wenn es sich um zwei Staaten handelt, welche gar keine wie immer gearteten sonstigen Bande verknüpfen. Im gegebenen Falle aber, wo die zwei Staaten durch die Person des Herrschers und durch institutive Gemeinsamkeit einzelner sonstiger Angelegenheiten ohnedies liiert sind, kann dies gewiß nicht gut behauptet werden. Die eifersüchtige Hütung der Rechte ist in solchen Fällen stets am Platze, es ist notwendig, die Grenzlinien jedesmal noch ge-

§ 5. Politik und Zolltrennung.

nauer und schärfer abzustecken als ehedem, und alles auszuscheiden, was irgendwie Mißverständnisse herbeiführen könnte.

Heute, wo die Politik zumeist von wirtschaftlichen Interessen geschoben und geleitet wird, können nur jene Staaten ihren Platz mit dem Gewicht der Autorität behaupten, welche ihre wirtschaftlichen Angelegenheiten nicht nur in der Theorie, sondern auch in der Praxis jedesmal selbst und frei versehen und ihre wirtschaftlichen Beziehungen mit dem Ausland selbständig regeln. Die große ausländische Öffentlichkeit nimmt von der politischen und wirtschaftlichen Unabhängigkeit und Selbständigkeit nur solcher Staaten gebührende Notiz! Dementsprechend wird auch unsere staatliche Unabhängigkeit und Selbständigkeit — so unbestritten sie auch ist — bei der großen Öffentlichkeit im Ausland erst durch die Zolltrennung in schärferen Umrissen erkannt werden.

Die politischen Beziehungen zwischen Österreich und Ungarn sollen durch die Zolltrennung nicht nur nicht gestört werden, sondern im Gegenteil dieselbe wird das so notwendige, doch heute fehlende Einvernehmen herstellen.

Dementsprechend ist auch die Furcht vor einer, der wirtschaftlichen Trennung als Folgeerscheinung imputierten Lockerung der politischen Bande zwischen Österreich und Ungarn ganz und gar unbegründet. Es kann als feststehend hingestellt werden, daß die wirtschaftliche Separation jene institutiven politischen Einrichtungen, welche zwischen den zwei Staaten im Jahre 1867 für gemeinsam erklärt wurden, in keiner Weise berührt. Enthalten doch eben die Gesetze vom Jahre 1867, welche bekanntlich die gemeinsamen Angelegenheiten aufzählen, auch jene Bestimmung, nach welcher die Angelegenheit des Zollgebietes keine gemeinsame und stets nach freiem Ermessen zu entscheiden ist!

Die Geschichte selbst liefert aber den schlagendsten Beweis. Seit nahezu 400 Jahren verbindet die Person des Herrschers die zwei Staaten und seit fast 200 Jahren besteht die Gemeinsamkeit der Verteidigung — ohne daß ein gemeinsames respektive ein Vertragszollgebiet bestanden hätte! Das letztere besteht bekanntlich bloß seit dem Jahre 1867. Die Gemeinsamkeit in gewissen politischen Angelegenheiten hat sich also auch ohne Vertragszollgebiet behauptet und bewährt, in guten wie in bösen Zeiten. Die Annahme demnach, daß ein Zurückgreifen auf den durch Jahrhunderte erprobten Zustand politisch versagen könnte, ist keineswegs gerechtfertigt. Es kann dies schon darum als ausgeschlossen betrachtet werden, weil im Gesetze vom Jahre 1867 — oder wie es im Sprachgebrauche allgemein heißt — im Ausgleichsgesetze, welches das einheitliche Vertragszollgebiet zum ersten Male konstruiert, die Gesichtspunkte und Gründe und auch der Zweck dieser neuen Verfügung klar vorgezeichnet ist. Es sind ausschließlich wirtschaftliche Motive, die dort aufgezählt werden, und es unterliegt keinem Zweifel — ist auch unbestritten — daß in dem Augenblick, wo diese leitenden Motive nicht mehr bestehen, die Zollgebietseinheit, selbst vom Standpunkte der Ausgleichsgesetze aufhört.

Im Gesetzartikel XII. vom Jahre 1867 und zwar im Paragraph 52 dieses Gesetzes ist das Motiv zu finden, auf welches gestützt, das Gesetz den Wunsch äußert, gewisse wirtschaftliche Fragen mögen von Zeit zu Zeit in gegenseitigem Einverständnis geregelt werden. Es heißt dort, „weil sich die Interessen der beiden Staaten in diesen Punkten begegnen, können diese Angelegenheiten in gegenseitigem Einvernehmen zweckentsprechender geordnet werden als bei gesonderter Regelung." Es folgt hieraus, daß, sobald eine Begegnung der Interessen nicht mehr stattfindet, auch die Zweckmäßigkeit der gemeinsamen Regelung der betreffenden Angelegenheit entfällt.

Es ist eine seltene Erscheinung, daß ein Gesetz die Motive seiner Verfügungen im Gesetzestext selbst anführt und erläutert! Es geschah offenbar, um diesen Motiven ein erhöhtes Gewicht zu verleihen.

§ 5. Politik und Zolltrennung.

Worin sich die Interessen der zwei Staaten begegneten, ist evident. Österreich war schon damals ein Industriestaat, und die weitere Entwicklung seiner Industrie war ihm ein Lebensinteresse — es war auf einen Export seiner Industrieartikel angewiesen. Anderseits fand der Konsum des Landes an Bodenfrüchten schon damals keine Befriedigung aus dem Ertrag der eigenen Landwirtschaft — es mußte also Bodenfrüchte aus fremden Landen einführen. Demgegenüber besaß Ungarn keine in Betracht kommende Industrie, es war auf Import der Industrieartikel angewiesen und als typischer Agrarstaat mußte es Absatz für seine Bodenfrüchte suchen.

Die Begegnung der Interessen war also gegeben.

Die Befriedigung der Interessen war der Zweck, welchem das Vertragszollgebiet — vielmehr das gemeinsame Zollgebiet, wie es damals noch hieß — dienen sollte. Und diese Interessenbefriedigung bestand darin, daß Österreich in Ungarn einen geschützten Markt seiner Industrieartikel finde. Selbstredend keinen Markt mit Preisen, welche von einer unangenehmen Konkurrenz diktiert werden. Einen solchen hätte es überall gefunden, auch in Ungarn, auch ohne Vertragszollgebiet, sondern einen Markt, der eben geschützt und mangels einer eigenen Industrie auf die österreichischen Erzeugnisse angewiesen ist.

Für Ungarn bestand die Interessenbefriedigung darin, daß es hinwieder in Österreich für seine Bodenprodukte einen solchen geschützten Markt finde, wo es dieselben zu Preisen verwerten kann, die nur wieder an geschützten Märkten erzielbar sind, an Märkten die auf ständigen Import von fremdem Getreide angewiesen sind — kurz die an den großen Zentralimportmärkten als Weltkonsumpreise gelten.

Das gemeinsame Zollgebiet wurde zur Befriedigung der Interessen in diesen Richtungen für geeignet erachtet.

Es ist nun wie bereits erwähnt, offenbar, daß im Augenblick, wo sich die Interessen nicht mehr begegnen, wo die Grundmotive und Bedingungen nicht mehr bestehen, auch die zur Befriedigung der Interessen erdachten Institutionen wegfallen. Und das Ausgleichsgesetz verfügt auch dementsprechend, daß mangels einer gegenseitigen Verständigung bezüglich des Zollgebietes — die natürlich eintreten muß, sobald sich die Interessen nicht mehr finden — die wirtschaftliche Selbständigkeit auch in der Zollgebietsfrage wieder praktisch zur Geltung gelangt.

Die Leitmotive der Ausgleichsgesetze wurden an dieser Stelle bloß historisch dargelegt, ohne dieselben einer Kritik zu unterziehen. Die Frage, ob die gegenseitige Eröffnung der Märkte für beide Teile oder nur für den einen Teil dauernde Vorteile sicherte, ob in dem gewährleisteten freien Austausch der Produkte eine wirkliche Begegnung und Befriedigung der Interessen lag, oder ob etwa dieselbe nicht eher eine Scheinbegegnung war, möge an dieser Stelle nicht erörtert werden. Sie wurde bereits gestreift und es wird sich noch Gelegenheit bieten, auf dieselbe zurückzukommen.

Trotzdem war es geboten den Geist der in Rede stehenden Verfügungen schon an dieser Stelle aus dem Gesetze hervorzuheben. Das Licht desselben möge den folgenden Besprechungen voranleuchten, es entkräfte aber auch jene hier berührten Befürchtungen politischen Charakters, welche hie und da laut werden.

Ein Gesetz, welches politische Institutionen bleibenden Charakters schafft und gleichzeitig wirtschaftliche Verfügungen ganz im Gegenteil nur mit begrenzter Dauer und nur unter gewissen Voraussetzungen trifft, mit Providenz für den Fall der Hinfälligkeit der Voraussetzungen und Verfügungen — ein solches Gesetz ist der treffendste Beweis dafür, daß die Abschaffung der betreffenden wirtschaftlichen Verfügungen, die politischen Institutionen durchaus nicht berührt.

Die Auswanderungsfrage hat, wie bereits erwähnt, nebst ihrem eminenten wirtschaftlichen Charakter auch eine hohe politische Bedeutung, die von keiner Seite verkannt wird. Sie ist eine Völkerkrankheit, welche ein chronisches Siechtum der beiden Staatsorganismen verursacht und — leider die neueste gemeinsame Angelegenheit der zwei Staaten schuf! Sie wurde im Ausgleichsjahre 1867 nicht vorausgesehen. Das Leben selbst schuf diese Gemeinsamkeit düsterster Färbung. Die schüchternen Heil- und Rettungsversuche dieses wirtschaftlichen und politischen Elends durch administrative Maßnahmen sind zwar individuell für die Auswanderer heilsam, sind aber für die Auswanderung selbst unwirksam. Eine radikale Wirkung erreicht man hüben wie drüben nur durch die Intensivierung der Landwirtschaft, noch mehr aber durch jene der Industrie. Auf ungarischer Seite wird diese Wirkung bekanntlich nur der Zolltrennung beigemessen, und es ist zweifellos, daß die Zolltrennung auch in Österreich eine erhöhte industrielle Tätigkeit nach sich ziehen wird. Die Zolltrennung ist also in dieser Richtung eine Verfügung, welche zufolge der Erhöhung der industriellen Tätigkeit die Abnahme der Auswanderung erhoffen läßt, daher auch politisch unschätzbare Vorteile hat.

Die Zollgebietsfrage ist ein permanenter Zankapfel der Parteien, ein Giftzahn im Gefüge der Beziehungen der zwei Staaten. Nicht durch gewaltsames Beibehalten, sondern durch eine spontane Entfernung derselben kann die Konsistenz des Baues gestärkt werden — wenn sie überhaupt einer Stärkung bedarf.

Dritter Abschnitt.

§ 6.

Die Zollpolitik aus industriellen Gesichtspunkten.

Die einseitige wirtschaftliche Entwicklung eines Landes ist unter allen Umständen bedenklich. Selbst in jener Entwicklungsstufe, wo noch die Landwirtschaft allein alle Bedürfnisse des Landes deckt und allen, die Betätigung suchen, genügende Erwerbsgelegenheiten bietet, muß mit der Ausgestaltung der Industrie begonnen werden. Diese Entwicklungsstufe hat aber Ungarn bereits überschritten. Der ungarische landwirtschaftliche Ertrag und namentlich der Getreideertrag reicht allerdings bei überaus reichem Erntesegen nicht nur zur Deckung des eigenen sondern auch des österreichischen Bedarfes. Doch abgesehen von diesem Fall, mit welchem nicht gerechnet werden darf, kann schon bei einer Mittelernte nur der ungarische Konsum gedeckt werden.

Unter solchen Umständen wird die Einseitigkeit geradezu zu einer Gefahr und ist es schon lange kein Geheimnis, es ist vielmehr eine einhellige und unwidersprochene Forderung aller Kreise ohne Unterschied der Zugehörigkeit zu einer oder der anderen wirtschaftspolitischen Richtung, daß Ungarn industrialisiert werden muß, will es im wirtschaftlichen sowie geistigem Vorwärtsschreiten mit den übrigen Staaten Schritt halten und den Aufgaben gewachsen sein, deren Erfüllung seine Machtstellung und die der österreichisch-ungarischen Monarchie bedingt. Auch darin ist man einig, daß sich eine kräftige Industrie bei dem heutigen Kurse der Weltwirtschaftspolitik nur durch eine eigene ungarische Zollgrenze ausbilden kann.

Die Anhänger der Zolltrennung leiten auch die Konsequenzen dieser Wahrnehmungen restlos ab.

Die Anhänger der wirtschaftlichen Gemeinsamkeit suchen demgegenüber nach Mitteln, welche geeignet wären die Entwicklung der Industrie auch ohne Zolltrennung zu fördern. Es ist wieder die Furcht vor ungewissen künftigen Ereignissen, wobei man auf die möglichen ungünstigen Rückwirkungen für die Landwirtschaft hinweist und wie bereits erwähnt in beneidenswerter Genügsamkeit an den großen Fortschritten Trost sucht, welche während der letzten 46 Jahre der wirtschaftlichen Gemeinsamkeit zu beobachten sind. Dieser Gedankengang spiegelt sich in recht bemerkenswerter Weise in den Ausführungen bedeutender Vertreter der Zollgemeinsamkeit wider. So schreibt

§ 6. Die Zollpolitik aus industriellen Gesichtspunkten.

Geheimrat Professor Baron Ludwig Láng: „Man wird sich berechtigt fühlen, darüber Zweifel zu erheben, ob die Verbindung mit Österreich für unsere Industrie Vorteile besitzt. Ich möchte auch in der Beweisführung bei der Entkräftung nicht zu weit gehen und möchte namentlich nicht dafür einstehen, daß sich unsere Industrie bei einem selbständigen Zollgebiete nicht noch vorteilhafter entwickeln könnte. Ich glaube, ich werde des Guten genug tun, wenn ich darauf hinweise, daß unsere Industrie bei dem bestehenden gemeinsamen Zollgebiet erfreuliche Fortschritte aufweisen kann."

Diese auf Augenblickserfolge aufgebaute Genügsamkeit ist bei der Systementscheidung einer Wirtschaftspolitik, die in erster Reihe weitblickend sein muß, nicht am Platze. Die Verbindung mit Österreich muß aus fundamentalen Gesichtspunkten geprüft werden.

Die Frage, ob einem Agrarstaat, welchem noch die primitivsten Mittel zur Entwicklung einer Industrie abgehen, wie sie Ungarn im Jahre 1867 abgingen, eine wirtschaftliche Verbindung, ähnlich jener wie sie Ungarn mit Österreich im Jahre 1867 einging, zum Vorteil gereicht, wurde bereits wiederholt aufgeworfen und motivierterweise verneint. Es wurde darauf hingewiesen, daß sich just solche Staatswesen mit heterogenen wirtschaftlichen Elementen am wenigsten zu einer realen wirtschaftlichen Verbindung eignen, daß es die Verschiedenheit der unmittelbar vorgesteckten Ziele solcher Staatswesen mit sich bringt, daß die Verwirklichung der Ziele durch eine ähnliche Verbindung in Frage gestellt, ja vereitelt werden könnte.

Es wird allerdings — häufig aus Mangel an Sachkenntnis — mit der Argumentation Mißbrauch getrieben, wonach eben durch die Verschiedenartigkeit der Produktionen eine Verbindung angezeigt wäre. Man argumentiert mit der täuschenden Formel von der Ausgleichung der Produktionsverschiedenheiten und dem heilsamen Austausch der Produkte.

In der Wirklichkeit sind aber die Vorteile für den noch in primitiven wirtschaftlichen Verhältnissen lebenden Kompaziszenten nur ephemerer Natur. Man bezahlt sie später mit schweren Opfern. Denn der Aufstieg zu den höheren Stufen der wirtschaftlichen Entwicklung wird erschwert, verzögert, ja sogar ·unmöglich gemacht. Die soziale Wirtschaftslehre hat die Etappen der wirtschaftlichen Entwicklung längst vorgezeichnet und können dieselben ungestraft nicht versäumt werden. Die Industrie muß sich nach den ehernen Gesetzen dieser Lehren gleich von Beginn, von den kleinsten Anfängen ansetzend, ungehindert allmählich und ohne künstliche Behelfe entwickeln und heben. Durch die wirtschaftlichen Vereinbarungen mit Österreich wurde aber die Entwickelung der ungarischen Industrie buchstäblich unterbunden!

Man handelte nach bestem Glauben und Wissen und mag an stützende Krücken gedacht haben. Doch wirkt oft auch eine Krücke hemmend auf die Entwicklung! Sie soll nur kranken Organismen verabreicht werden, bis sie gesunden. Das Wachstum, die erwachende Kraft gesunder Organismen aber wird, auch in den zartesten Anfängen, nur durch natürliche Mittel und Sorgfalt gefördert. Künstliche Behelfe bewirken häufig schon in diesen frühesten Anfängen eine, durch die hemmende Stütze hervorgerufene Ermattung, schaffen die Keime späterer Erschlaffung.

Mögen aber auch die Ansichten diesbezüglich auseinandergehen, so ist es gewiß unbestritten, daß ein Staat auf einer gewissen Entwicklungs- und Kulturstufe bereits angelangt, den Schutz der freien Entwicklung seiner nationalen Arbeit nicht mehr entbehren kann. Die Beschaffenheit dieses Schutzes hängt selbstredend von der herrschenden Wirtschaftspolitik des Kontinentes ab. Er kann also heutzutage nur in der Beseitigung der Krücken bestehen, in der Einrichtung des eigenen schützenden Zollgebietes. Der gemeinsame Zollschutz, den die ungarische Industrie gemeinschaftlich mit der österreichischen genießt, ist für Ungarn wertlos, denn die ungarische

§ 6. Die Zollpolitik aus industriellen Gesichtspunkten. 41

Industrie ist bei dem heutigen Zustand eben jener Industrie, das ist der österreichischen, ausgeliefert, deren hohe Entwicklung sie nicht aufkommen läßt, die also für sie die gefährlichste ist.

Die Industrieförderung mit Subventionen hat sich nirgends bewährt. Sie ist ein erzwungenes künstliches Mittel, allerdings ein notwendiges Übel dort, wo die zwingenden Umstände die Anwendung gebieten. Sie zeitigt keine hinreichenden Resultate und belastet den Staat mit enormen Opfern.

Ungarn liefert hiefür sprechende Beweise. Trotz gemeinsamen Zollschutzes, vielmehr eben zufolge eines solchen, aber trotz Subventionspolitik sahen wir, daß Ungarn an Import von Industrieerzeugnissen nach Kopf der Bevölkerung an der Spitze der in der aufgestellten Tabelle angeführten Länder steht!

Allerdings, das zeugt auch von der erfreulichen Aufnahmefähigkeit und Kulturentwickelung der Nation. Denn hoher Import an Industrieerzeugnissen ist jedenfalls ein Beweis dafür, daß die Bevölkerung aufnahmefähig ist und eine respektable Kulturstufe erklommen hat. Dieser Satz ist unanfechtbar, denn eine Bevölkerung mit geringen Mitteln und Kräften und niederer Kulturstufe kann keine hohen Ziffern an Import von Industrieartikeln aufweisen.

Selbstredend ist damit nicht gesagt, daß man aus einer niederen Importziffer auf eine geringe Aufnahmefähigkeit und Import schließen dürfte! Die weiteren Faktoren, welche bei der Gestaltung der relativen Importziffer entscheidend mitwirken, sind eben die Entwicklungsstufe der eigenen heimischen Industrie und der Grad des heimischen Konsums.

Deutschland importiert per Kopf kaum mehr als manche Balkanstaaten! Es bedarf keiner Beweisführung, daß in Deutschland das entscheidende Moment eben in der beispiellos hohen Entwicklungsstufe der Industrie zu suchen ist, welche trotz des hohen Konsums den Import fremder Erzeugnisse auf ein Minimum reduziert.

Und wenn die Importziffern Frankreichs und Englands nahe an jene Ungarns heranrücken, so ist dieser für uns sonst ehrende Umstand leider keineswegs zu begrüßen. Die Gründe liegen wieder in dem enormen Abstand des Konsums und des Wohlstandes.

Die Verhältniszahl von 64,5 respektive 78,6 Kronen per Kopf Import von fremden Industrieerzeugnissen nach Ungarn verkündet also in erster Reihe die Aufnahmefähigkeit des Landes, worauf bereits hingewiesen wurde, dann aber den Mangel einer entsprechenden heimischen Industrie, einen Umstand also, welcher die Errichtung eines gesonderten ungarischen Zollgebietes, gebieterisch fordert.

Die heimische Industrie kann sich unter den heutigen Umständen nur dadurch kräftig entwickeln, wenn ihr durch eine eigene Zollschranke Schutz und freie Entwicklung gewährleistet wird. Die Kräftigung und die Fortentwicklung derselben und das Entstehen neuer Industriezweige bietet neue Erwerbsgelegenheiten, vermehrt den Wohlstand, erhöht die Steuerfähigkeit und vermindert die bedauerliche Auswanderung, bei welcher Ungarn leider gleichfalls an erster Stelle voranschreitet.

Der Bund ungarischer Industrieller berichtete bereits vor 20 Jahren in seiner Generalversammlung: „daß die Zollgemeinsamkeit es ist, welche die ungenügende Entwicklung der ungarischen Industrie verursacht. Bei gesondertem Zollgebiet bedarf die ungarische Industrie keinerlei Subventionen, sie wird emporblühen aus eigenen Kräften."

So sprach der Bund vor 20 Jahren und heute verkündet dieselbe Körperschaft folgendes: „Der Bund versuchte vor 20 Jahren, das Verhältnis zwischen der ungarischen und der österreichischen Produktion aus dem Gesichtspunkte der Industrie und der Landwirtschaft zu klären und er kam einhellig zu dem Ergebnis, daß das gemeinsame Zollgebiet die wirtschaftliche Zukunft Ungarns nicht sichert, sondern im Gegenteil zu einer langsamen Verblutung führt. Heute kann der Bund auf Grund eines viel reicheren Datenmateriales an die Vorbereitung der Ausgleichsfragen schreiten. Die wirtschaftliche Entwicklung des letzten Jahrzehntes bietet ein trauriges Bild. Während dieser Zeit ist unsere Einfuhr aus Österreich von 1147 auf 1528 Millionen Kronen gestiegen. An Ganzfabrikaten haben wir um 461 Millionen Kronen mehr eingeführt, dagegen ist unsere Einfuhr an Rohmaterial um 80 Millionen Kronen zurückgegangen. Die wirtschaftliche Kraft des Landes hat sich also bei der Gemeinsamkeit des Zollgebietes nicht nur nicht entwickelt, sondern sie hat vielmehr abgenommen."

Das sind die Äußerungen der berufensten, vornehmsten industriellen Körperschaft des Landes.

Die Statistik des Auslandsverkehres, auf welche in obigen Äußerungen Berufung geschah, bietet tatsächlich beherzigenswerte Daten zur Beurteilung unserer Wirtschaftslage und unseres Wirtschaftssystems und ist es daher angezeigt, die ökonomische Bilanz Ungarns, welche jene Daten enthält, des näheren zu untersuchen und zu beleuchten.

§ 7.
Handelsbilanz und Zollpolitik.

Die Erörterungen ökonomischer Nationalbilanzen — Handels-, Zahlungs- und Wirtschaftsbilanzen — stehen ohnehin im Vordergrund des öffentlichen Interesses, unserem Gegenstand werden sie aber noch besonders förderlich sein.

Eigentlich ist bloß die Wirtschaftsbilanz jenes Instrument, welches die Leistungen sämtlicher Faktoren des Wirtschaftslebens zusammenfassend, den Aufschwung oder Niedergang desselben veranschaulicht. Zahlungsbilanz und Handelsbilanz sind nur Teilbilanzen. Letztere umfaßt bloß den auswärtigen Warenverkehr. Die Zahlungsbilanz ist hinwieder eine potenzierte Handelsbilanz, worin die Wertdaten des auswärtigen Warenverkehrs mit allen sonstigen Wertposten, die im auswärtigen Verkehr aus welchem

Titel immer entstehen, ergänzt sind. Dementsprechend ist auch Zahlungs- und Handelsbilanz kein absoluter Maßstab der Wirtschaftslage, sie geben bloß das Bild unseres auswärtigen Verkehres und zugleich eine Richtschnur für die zu befolgende Handelspolitik.

Je universeller aber die Bilanz in Bedeutung, umso geringer die Verläßlichkeit derselben! Die Wirtschaftsbilanz ist auf Symptome aufgebaut. Der Wert derselben hängt von der richtigen Einschätzung, vom Grade der individuellen Intuitionsanlagen ab. Gewiß, es gibt auch Staatswesen, wo die Rapidität und das Ungestüme im Aufschwung eine verschiedenartige Deutung der Symptome nicht zulassen. Leider kann dies aber von Ungarn nicht gesagt werden. Es sei hiermit das Vorhandensein auch günstiger Symptome durchaus nicht bestritten, auch nicht als ob dieselben die Deutung mäßigen wirtschaftlichen Vorwärtsschreitens nicht zuließen. Nun genügt aber im heutigen Wettstreite der Nationen das bloße Vorwärtsschreiten nicht. Nicht nur der Stillstehende, auch derjenige, der nicht Schritt hält, bleibt zurück. Unsere Wirtschaftsbilanz dürfte, selbst bei günstiger Beleuchtung der Symptome, nur in diesem gedämpften Sinne eine Aktivität ergeben!

Umsomehr ist es unsere Pflicht, nebst der Potenzierung der inländischen Kraftquellen unsere ausländischen Relationen, unsere Zahlungs- und Handelsbilanz zu heben, wodurch selbstredend auch die Wirtschaftsbilanz gehoben wird. Allein auch die einzelnen Posten der Zahlungsbilanz können ziffermäßig nur auf Grund mehr oder weniger authentischer Schätzungen, die teilweise gleichfalls auf Erwägungen der Symptome beruhen, festgestellt werden. Die annähernd sicherste Basis für Forschungen bietet also die den auswärtigen Warenverkehr umfassende Handelsbilanz, überhaupt in unserem Falle, wo nachgewiesen werden soll, daß die bedauerliche Passivität unserer Handelsbilanz durch das Einströmen fremder Erzeugnisse entsteht.

Die Bedeutung der Handelsbilanz hat unlängst bekanntlich Exzellenz Alexander Wekerle beschäftigt. „Die Aktivi-

§ 7. Handelsbilanz und Zollpolitik.

tät derselben" — so sagte er — „ist kein Gradmesser des wirtschaftlichen Aufschwunges, die Passivität kein Zeichen der Dekadenz, sie ist aber ein Wegweiser der in den internationalen Wirtschaftverhältnissen eintretenden Änderungen und ein, wenn auch nur kombinativ verwertbarer Gradmesser der Wirtschaftsverhältnisse."

Die Handelsbilanz der Monarchie und die derselben zugrunde liegende Statistik des auswärtigen Handels der Monarchie ist aber wieder nicht geeignet, als Basis unserer Betrachtungen zu dienen. Es sind wieder die unwillkommenen Begriffsverwirrungen, die aus der summarischen Behandlung der statistischen Daten beider Staaten entstehen und die umso unheilvoller wirken, weil es sich um Wirtschaftsverhältnisse handelt, welche — trotzdem sie jeden berühren — doch nicht jedermann geläufig sind. Der Wert und die Bedeutung einer Handelsbilanz besteht überhaupt vornehmlich in der Analyse. Die Bedeutung einer Synthese, als welche die Handelsbilanz der Monarchie erscheint, ist also umso problematischer, als es sich um die Verbindung der Handelsverkehrsstatistik zweier Staaten handelt, von welchen jeder ein eigenes, selbständiges und souveränes staatsrechtliches Subjekt bildet und ein eigenes wirtschaftliches Leben führt.

Es sind durchaus keine politischen Motive, die diesen Erwägungen zugrunde liegen — die Selbständigkeit der zwei Staaten wird ja von keinem ernsten Faktor in Frage gestellt. Der Gegenstand sei überhaupt ausschließlich von wirtschaftlichem Gesichtspunkte beleuchtet. Die wirtschaftlichen Verhältnisse, der Entwicklungsgrad der einzelnen Wirtschaftszweige in Österreich und in Ungarn sind grundverschieden und dementsprechend ist auch der Auslandsverkehr beider Staaten, der Charakter, die Relationen, das Wesen desselben verschiedenartig. Um die Verschiedenartigkeit zu erkennen und die Mittel zur Hebung der Bilanzen ausfindig zu machen, dürfen also dieselben nicht verbunden, nicht summiert, sondern im Gegenteil jede derselben muß zerlegt, analytisch behandelt werden.

Zweiter Teil. Die Handels- und Zollpolitik usw.

Auf Grund des statistischen Materiales ist es unschwer, das Gesagte auch ziffermäßig nachzuweisen. Allerdings müssen aus der Statistik der beiden Staaten, des Zwischenverkehres und jener Ungarns, die Daten herausgeschält werden, die Österreich allein betreffen.

Die Passivität der Handelsbilanzen belief sich in Millionen Kronen in den Jahren:

	1910	1911	1912
in beiden Staaten	342	692	825
in Ungarn allein	136	252	249
in Österreich allein	206	440	576

Die Verschiedenheit und die Bedeutung dieser Passivitäten wird aber erst durch Prüfung der einzelnen Posten ins rechte Licht gerückt. Wir führen dieselben nachstehend für das Jahr 1910 und 1911 an.

1910

	Rohstoffe			Halbfabrikate			Ganzfabrikate		
	Imp.	Exp.	akt. pass.	Imp.	Exp.	akt. pass.	Imp.	Exp.	akt. pass.
Österreich	2104	801	1303	524	546	22	1141	2216	1075
Ungarn	367	936	569	246	175	71	1240	626	634

1911

| Österreich | 2320 | 785 | 1535 | 535 | 595 | 60 | 1249 | 2284 | 1035 |
| Ungarn | 455 | 954 | 499 | 283 | 185 | 98 | 1344 | 691 | 653 |

Es ist hieraus zu ersehen, daß sich die Passivitäten und Aktivitäten schon bei dieser ersten Selektion verschieben und weitere Verschiebungen treten in Erscheinung, sobald man mit der Analyse fortfährt, die Untergruppen und die einzelnen Zolltarifklassen und Zolltarifnummern untersucht — kurz, wenn man wirkliche Kleinarbeit leistet. Schon aus dieser ersten Selektion geht aber die übrigens allbekannte Tatsache hervor, daß die Passivität Österreichs als eine aktive bezeichnet werden kann, da sie durch das Überwiegen der Rohprodukteneinfuhr entsteht. Demgegenüber ist die Passivität Ungarns eine Folge der riesigen Einfuhr an Fabrikaten, ein Umstand, der der Passivität Ungarns eine düstere Färbung verleiht.

Da nun die Handelsbilanzen der zwei Staaten, wie

§ 7. Handelsbilanz und Zollpolitik.

ersichtlich, im Wesen differieren, ist es auch klar, daß dieselben, ebenso wie die zu ihrer Hebung geeigneten Mittel, stets gesondert zu erwägen sind. Die Handelsbilanzen finden aber bekanntlich ihre vornehmste Verwendung bei der Schaffung der auswärtigen Handelsverträge. Unser wichtigster auswärtiger Handelsvertrag ist aber gewiß jener mit Österreich selbst, und die Grundlage desselben die Entscheidung, ob Zollgemeinschaft oder Zollseparation. Es ist also auch klar, daß in erster Reihe bei diesem Anlaß sowie selbstredend bei der Schaffung der übrigen auswärtigen Handelsverträge die zur Hebung der Bilanzen geeigneten Mittel, also die zu befolgende Zoll- und Handelspolitik, eine gesonderte Erwägung erheischen.

Nach meiner Ansicht bestehen zwischen Österreich und Ungarn keine wirklichen diametralen wirtschaftlichen Gegensätze. Es bestehen blos Abweichungen in der Intensität der Interessen, es harren blos lang gehegte berechtigte Wünsche ihrer Erfüllung. Diese Abweichungen wurden nur durch die forcierte Zollgebietsgemeinsamkeit zu Gegensätzen! Bei gesonderten Zollgebieten, bei gesonderter analytischer Behandlung der Wünsche würde eine Verständigung und ein geschlossenes Vorgehen nach außen sehr leicht zu erzielen sein.

Die notwendigen Balkanverträge und jener mit den überseeischen Staaten sind gleich willkommene Beispiele. Es ist evident, daß die österreichische Handelsbilanz durch den gesicherten Absatz seiner Fabrikate am Balkan und in den überseeischen Staaten gehoben wird — eine Regelung des Handelsverkehres, welche den ungarischen Interessen in keiner Weise widerspricht, vorausgesetzt, daß sie ohne Schädigung anderer ungarischer Interessen durchgeführt werden kann. Die Interessen sind sogar gewissermaßen kongruent. Denn die auf ansehnlichem Leistungsniveau stehende ungarische Industrie profitiert ja gleichfalls von den angestrebten Abmachungen. Die ungarische Handelsbilanz belehrt uns aber auch darüber, daß unsere Passivität eine Folge des riesigen Imports an

Industrieerzeugnissen ist. Die inländische Industrie ist also nicht imstande, den ihr gebührenden Teil des inländischen Konsums zu decken. Sie kann die Konkurrenz mit der österreichischen Industrie nicht einmal im eigenen Lande aufnehmen, geschweige denn in fremden Landen! Weil die ungarische Industrie der österreichischen in Entwicklung und Leistungsfähigkeit — eben in Ermangelung eines Schutzes, dessen sie gegenüber der österreichischen Industrie bedarf — zurücksteht. Es ist also leicht verständlich, wenn man in Ungarn den Verträgen mit dem Balkan und den überseeischen Staaten in bezug auf die Eröffnung jener Märkte für Fabrikate ein begrenzteres aktuelles Interesse entgegenbringt, als dies in Österreich der Fall ist. Auch dieses gedämpftere Interesse ist aus der Zollgemeinsamkeit zu erklären. Die österreichisch-ungarische Gesamthandelsbilanz und auch die österreichische allein kann hiedurch aktiver werden, doch nicht in demselben Grade die ungarische! Eine Lösung, die in Ungarn begreiflicherweise keine besondere Begeisterung hervorzubringen vermag. Wenn auch Gegensätze der Interessen nicht bestehen, fehlen doch auch die Vorbedingungen, die zur Interessengemeinschaft führen. Die Hebung der ungarischen Handelsbilanz hat mit der Eindämmung des Hereinströmens ausländischer Fabrikate zu beginnen, mit der diese Ziele verfolgenden, systematischen Entwicklung der heimischen Industrie. Den Schutz aber, dessen die heimische Industrie bedarf, kann man ihr zweifelsohne durch entsprechende Handelsverträge, sogar nur durch diese, obenan aber durch Neuregelung des Handelsvertrages mit unserem österreichischen Kompaziszenten verleihen — auf der Grundlage der gesonderten Zollgebiete. Die Handelsbilanzen führen in dieser Richtung eine beredtere Sprache als jede andere Beweisführung. Eine Neuregelung könnte sodann schrittweise die gewünschte Interessengemeinschaft zur Reife bringen.

Der Schlüssel zur Behebung der Passivität unserer Handelsbilanz, zur Hebung unserer ökonomischen Bilanzen

§ 7. Handelsbilanz und Zollpolitik.

im allgemeinen und zur Schaffung normaler wirtschaftlicher Funktionsbedingungen liegt also darin, daß wir vor allem die unseren Interessen günstige Grundlage des Handelsvertrages mit Österreich finden und dieselbe auch durchsetzen. Gelingt dies, dann werden auch die Hemmungen zwischen Österreich und Ungarn sowie „der handelspolitische Kampf nach zwei Fronten" beseitigt werden können.

Da es keinem Zweifel unterliegt, daß die Passivität der Handelsbilanz durch das Einströmen fremder und insbesondere österreichischer Industrieerzeugnisse entsteht und daß dieser Umstand der Unzulänglichkeit der heimischen Industrie zuzusschreiben ist, da es ferner als unbestritten gilt daß der Zollschutz als jenes Mittel sich bewährte, welches unter den heutigen europäischen Wirtschaftsverhältnissen die volle Entfaltung der industriellen Kräfte sichert: ist die zu befolgende Richtung unserer Handels- und Zollpolitik aus dem Gesichtspunkte der Industrie scharf und gebieterisch vorgezeichnet.

Daß unsere Industrie bei dem bestehenden Vertragszollgebiet erfreuliche Fortschritte aufweist, ist eine ausweichende Formel. Fortschritte sind stets erfreulich. Die Frage ist nur, ob dieselben zur Gesundung der bestehenden mißlichen Verhältnisse hinreichen. Nur diese Fassung der Frage ist klar, auf welche aber nur eine verneinende Antwort gegeben werden kann.

Eine Furcht vor nachteiligen Ereignissen, die nicht vorhergesehen werden, aber eintreten können, ist überhaupt unzulässig. Sie ist „die Furcht, die den Willen irrt und zufolge der wir die Übel, die wir haben, lieber ertragen, als zu unbekannten fliehn". Im übrigen entpuppte sich die Furcht als nichts denn Kleinmut, da doch kein einziger Anhaltspunkt zu deren Begründung gefunden werden konnte.

Die Bedenken von möglichen ungünstigen Rückwirkungen für die Landwirtschaft haben unter den industriellen Motiven gar keinen Platz. Sie verraten allerdings den Mangel an Argumenten vom eigenen Standpunkt, zugleich aber auch die Absicht, den Schwerpunkt auf die Interessen der Landwirtschaft zu wälzen.

Diese Bedenken und die Interessen der Landwirtschaft mögen nachstehend einer genauen Prüfung unterzogen werden.

Vierter Abschnitt.
§ 8.
Die Zollpolitik aus landwirtschaftlichen Gesichtspunkten.

Von der Plattform der industriellen Interessen konnte festgestellt werden, daß die Parteien, die in der Frage der Zollgebietspolitik einen entgegengesetzten Standpunkt vertreten, in der Hauptsache, nämlich darin, daß das gesonderte Zollgebiet ein wirksames Mittel zur Hebung der ungarischen Industrie ist, doch einig sind.

Daß die Anhänger des Vertragszollgebietes sich trotzdem nicht zur Entledigung ihres bisherigen Programmes aufraffen, das ist vielleicht durch den Hang an dem Gewohnten zu erklären. „Man erleidet lieber die Pfeile des Geschickes, ehe man sich waffnend wehrt."

Die spärlichen Bedenken und Einwendungen der Verteidiger des Vertragszollgebietes gegen die Zolltrennung, ebenso wie die von den Anhängern des selbständigen Zollgebietes entfalteten Vorteile der Zolltrennung bezogen sich bekanntlich auf sämtliche Industriezweige im allgemeinen. Als Ausnahme könnten höchstens jene wenigen, landwirtschaftliche Produkte aufarbeitenden Industrien gelten, welche einen namhaften Export nach Österreich haben und um den eventuellen Ausfall desselben zu ersetzen, sich den neuen Verhältnissen anzupassen haben würden.

Unter solchen Umständen und von diesen Ausnahmsfällen abgesehen war es auch bei der Entkräftung der Bedenken und Einwendungen nicht nötig, die einzelnen Industriezweige gesondert zu behandeln.

Desgleichen wäre es überflüssig, bei der Besprechung der Zollpolitik aus den landwirtschaftlichen Gesichtspunkten sämtliche Bodenfrüchte, die tierischen Produkte, die Vieh-

§ 8. Die Zollpolitik aus landwirtschaftlichen Gesichtspunkten.

zucht und die sonstigen agrarischen Interessen einer gesonderten Prüfung zu unterziehen. Es wird, im Gegenteil, genügen, sich auf das Weizenprodukt zu beschränken. Vor allem, weil dieser Frucht eine ausschlaggebende Bedeutung in der ungarischen Landwirtschaft gebührt. Die mit Weizen bebaute Fläche beträgt an 4 Millionen Hektar gegen je 1,1 Millionen mit Reggen, Gerste und Hafer und 2,5 Millionen Hektar mit Mais.

Auch kann man — wenn überhaupt — nur bei der Weizenfrucht von einer Sorge um die Preisentwicklung sprechen. Von den übrigen Bodenprodukten sind nämlich die meisten auf einen Export gar nicht angewiesen, denn sie finden durch den einheimischen Eigenkonsum schlanke Aufnahme im Lande selbst. Andere wieder verfügen selbst heute schon auch im außerösterreichischen Auslande über flotten Absatz, womit der eventuelle Verlust des österreichischen Marktes leicht wettgemacht werden kann. Die Wirkung der Zolltrennung ist also in erster Reihe an der Weizenfrucht abzumessen.

Dementsprechend operieren auch die Anhänger des Vertragszollgebietes vom Gesichtspunkte der Landwirtschaft hauptsächlich mit dem Argument, wonach im Zustande des gesonderten Zollgebietes die Weizenfrucht eine ganz besonders empfindliche Entwertung im Preise erfahren würde.

Ungarn — so heißt es — würde sich des Zollschutzes begeben, den es heute in Österreich zufolge der hohen Agrarzölle im Vertragszollgebiet genießt und müßte fortab in Österreich mit den ausländischen Weizensorten konkurrieren, die dann selbstverständlich zu gleichen Konditionen nach Österreich gebracht werden könnten wie der ungarische Weizen.

Bemerkenswert ist, daß selbst Anhänger des gesonderten Zollgebietes diesem Argument nicht immer entgegentreten, ihren entgegengesetzten Standpunkt vielmehr damit begründen, daß die Lasten und Nachteile, welche dem Lande durch die Entwicklungshemmung der Industrie im Vertragszollgebiete auferlegt werden, unvergleichlich größer und drückender sind als die etwaigen materiellen Schäden, welche die Landwirtschaft durch eine Wertverminderung in Weizen bei der Zolltrennung erleiden könnte.

Vom Gesichtswinkel der hier dargelegten Anschauungen soll nun in erster Reihe an dem prinzipiellen Standpunkt festgehalten werden, auf welchen bereits hingewiesen wurde. Es kann und darf ein Wirtschaftssystem nicht aufrechterhalten, ja selbst nicht angetreten werden, welches die Industrie in ihrer Entwicklung zu hemmen geeignet ist — auch wenn das betreffende Wirtschaftssystem einem anderen Faktor der Nationalwirtschaft, der Agrikultur, materielle Vorteile sichert! Die Landwirtschaft muß eben einen unabwendbaren materiellen Nachteil ertragen, wenn um diesen Preis die Förderung der Industrie erkauft werden soll. Übrigens sind die Korrelata zwischen Landwirtschaft und Industrie auch nicht außer acht zu lassen. Durch die Entwicklung der Industrie bei der Zolltrennung wird nämlich bekanntlich auch die Landwirtschaft gehoben. Denn die Industrie und die Beschäftigten derselben sind die größten und sichersten Abnehmer der Landwirtschaft, welche also auf diesem Wege Konsumenten gewinnt statt jener, die sie angeblich durch das gesonderte Zollgebiet verliert. Die gefürchtete Entwertung der landwirtschaftlichen Produkte kann also mit dem Entfall der österreichischen Konsumenten nicht begründet werden. Es könnten höchstens Übergangsschwierigkeiten ephemerer Dauer entstehen.

Umgekehrt können die Korrelata nicht konstruiert werden. Die angeblich begünstigte Position der Landwirtschaft im Vertragszollgebiet kann es nicht bewirken, daß die Industrie jene Stufe erreiche, die ihr notwendigerweise gebührt und zu der sie bei der gesonderten Zollgebietspolitik gelangt!

Es darf nicht übersehen werden, — was ebenfalls schon angedeutet wurde — daß selbst das heutige Ungarn an und für sich — ohne Österreich — in Bodenprodukten

§ 8. Die Zollpolitik aus landwirtschaftlichen Gesichtspunkten. 53

kein ständiges Exportgebiet ist. Und der durch die Entwicklung der Industrie zunehmende heimische Getreidekonsum wird mit der Zeit auch jenen Export überflüssig machen, auf welchen wir bei der heutigen Zollpolitik angewiesen sind! Die nachstehende Tabelle soll das Gesagte bekräftigen.

Jahrgang	Weizenertrag des Reiches in 1000 Meterzentner	Weizenimport in 1000 Meterzentner	Weizenexport in 1000 Meterzentner	Exportsaldo	Im Lande geblieben
1895	46 778	752	6092	5340	41 438
1896	43 877	1015	6668	5653	38 224
1897	23 736	1240	3609	2369	21 370
1898	38 002	2541	2893	352	37 650
1899	40 905	1676	3695	2019	38 886
1900	41 432	192	5460	5268	36 164
1901	36 640	311	4966	4655	31 985
1902	49 778	353	5220	4667	45 111
1903	48 069	220	5237	5017	43 052
1904	39 985	1374	3945	2571	37 414
1905	46 427	763	4823	4060	42 367
1906	56 543	338	6378	6040	50 503
1907	35 565	80	5694	5614	29 951
1908	45 021	163	4319	4156	40 865
1909	34 024	4889	2512		36 401
1910	49 297	1666	3612	1946	47 351
1911	51 731	595	4705	4110	47 621
1912	50 250	190	4595	4405	45 845
1913	43 360	—	—	—	—

Wie ersichtlich, ist der Konsum Ungarns in den letzten Jahren erheblich gestiegen. Mit Ausnahme der Jahre, wo eine Mißernte auch den Konsum vermindert, steigt derselbe allmählich auf 45/47 Millionen Meterzentner, was bereits einer guten Ernte in Ungarn gleichkommt. Hiebei sind allerdings als Konsum jene Quantitäten angenommen, die in der obigen Tabelle unter der Rubrik „Im Lande geblieben" verzeichnet sind. Es wurde also mit den übriggebliebenen Vorräten nicht gerechnet. Das konnte aber auch füglich geschehen. Denn die vom königlich ungarischen Ackerbauministerium jährlich vor der Ernte bewerkstelligten Aufnahmen der Weizenvorräte ergeben, daß dieselben anormal gering sind. Sie bedürfen also gewissermaßen eher einer Ergänzung auf das normale. So wurden an Weizenvorräten in 1000 quintals aufgenommen stets vor der Ernte:

im Jahre	1908	700
	1909	400
	1910	700
	1911	1400
	1912	1100

Selbst wenn man also auch diese Quantitäten in Abzug bringt, verbleiben noch immer als Konsum des Landes in den letzten Jahren 45/46 Millionen quintals.

Es könnte aber auch noch eingewendet werden, daß vorstehende Daten die Mehlausfuhr unberücksichtigt lassen. Das ist Tatsache. Das für die Herstellung des ausgeführten Mehles benötigte Weizenquantum ist nicht abgerechnet, vielmehr als Konsum aufgenommen. Dieser Vorgang dürfte auch nicht beanstandet werden können, weil die von der Industrie eines Landes aufgebrauchten Rohprodukte im allgemeinen als Konsum des Landes betrachtet werden, auch wenn die von der Industrie hergestellten Waren nicht im Lande verbraucht, sondern ins Ausland verschickt werden!

Allein auch vom Standpunkt jener, die da behaupten, daß im Falle der wirtschaftlichen Entzweiung der zwei Staaten kein Mehl mehr aus Ungarn nach Österreich kommen könnte, da auch Österreich zum Schutze seiner Mühlenindustrie hohe Zölle anwenden würde, — auch von diesem Standpunkt dürfte bei Ermittelung des Konsums des künftigen ungarischen gesonderten Zollgebietes, der für den Mehlexport verbrauchte Weizen nicht in Abrechnung gebracht werden. Die ungarischen Mühlen sind nämlich von einer eminenten Leistungsfähigkeit und sollten sie den Export nach Österreich einbüßen — was keineswegs mit Bestimmtheit angenommen werden kann —, dann werden sie eben, wenn auch mit Opfern das erzeugte Mehl anderwärts absetzen. Die Erfolglosigkeit dieses Strebens kann nicht behauptet werden. Denn obzwar heute das

§ 8. Die Zollpolitik aus landwirtschaftlichen Gesichtspunkten.

Gros des Mehlexportes sich nach Österreich bewegt, geschieht dies eben darum, weil Österreich den überwiegenden Teil unserer Erzeugung aufnimmt und weil die geographische Lage der zwei Staaten diesen Nachbarverkehr fördert. Doch ist es bedeutsam, daß selbst bei den heutigen Zollverhältnissen und trotz der geographischen Lage ein nicht unbedeutendes Quantum unserer Mehlerzeugung seinen Weg auch nach dem außerösterreichischen Ausland nimmt. Die Weiterentwicklung in dieser Richtung ist also nicht unmöglich. Das Gesagte unterstützen die statistischen Daten, nach welchen exportiert wurde Mehl in tausenden quintals:

Jahrgang	Insgesamt	Hiervon nach Österreich	Nach dem außerösterreichischen Ausland
1895	6446	4872	1574
1896	7189	5449	1740
1897	5754	4534	1220
1898	4861	3908	953
1899	5670	4304	1366
1900	6862	5308	1554
1901	7081	5994	1087
1902	7092	5884	1208
1903	7714	6395	1319
1904	7193	6122	1071
1905	7120	6113	1007
1906	7415	6285	1130
1907	7371	6461	910
1908	6210	5572	638
1909	6034	5628	406
1910	5900	5465	435
1911	6798	6355	443
1912	7430	6904	526
1913	—	—	—

Trotz dieses Nachweises mögen selbst die Einwendungen der Schwarzseher nicht unberücksichtigt gelassen werden. Es soll der reine Weizenkonsum des Landes — ohne den Weizen, der durch die Mühlenindustrie zu Exportzwecken konsumiert wird — ausgewiesen werden. Es sollen also von den Quantitäten, die unter der Rubrik „Im Lande geblieben" zu finden sind, auch noch jene Mengen Weizen abgerechnet werden, welche in Mehlform nach Österreich exportiert wurden. Natürlich nur jene nach Österreich. Denn der außerösterreichische Mehlexport kann sich doch nur heben, nicht verringern. Der zu diesem Zwecke verbrauchte Weizen bleibt als Konsum weiter.

Jahrgang	Im Lande gebliebener Weizen	Nach Österreich exportiert		Reiner Landeskonsum
		Mengen Mehl	Mehl umgerechnet auf Weizenmengen	
1895	41 438	4872	6480	34 958
1896	38 224	5449	7247	30 977
1897	21 370	4534	6030	15 340
1898	37 650	3908	5198	32 452
1899	38 886	4304	5724	33 162
1900	36 164	5308	7060	29 104
1901	31 985	5994	7972	24 013
1902	45 111	5884	7825	37 286
1903	43 052	6395	8505	34 547
1904	37 414	6122	8142	29 272
1905	42 367	6113	8130	34 237
1906	50 503	6285	8359	42 144
1907	29 951	6461	8593	21 358
1908	40 865	5572	7411	33 454
1909	36 401	5628	7485	28 916
1910	47 351	5465	7268	40 083
1911	47 621	6355	8452	39 169
1912	45 845	6904	9182	36 663
1913	—	—	—	—

Aus dieser nunmehr gewiß unanfechtbaren Tabelle geht nun die Tatsache hervor, daß der reine Eigenkonsum des ungarischen Reiches — die Mißerntejahre selbstredend nicht berücksichtigt — an die 40 Millionen Meterzentner streift. Dieses Quantum wird aber in Ungarn bloß bei einer Mittelernte gefechst. Auf einen Export ist also Ungarn schon heute nur in Jahren angewiesen, wo es eine Ernte mindestens „über mittel" einheimst. Und diesen Konsum hat das Land im Zustande des Vertragszollgebietes erreicht, also in einem wirtschaftlichen Zustande, bei welchem die meistkonsumierende Industrie nicht aufblühen konnte! Es ist also unzweifelhaft, daß im Zustande des gesonderten Zollgebietes der reine Konsum des Landes bald die Ziffer seines eigenen durchschnittlichen Weizenertrages erreichen wird. Inzwischen kann aber die Unter-

§ 9. Die Preisentwicklung im gesonderten Zollgebiete. 57

bringung des Überschusses keine Sorge bereiten! Der Durchschnittsertrag in Weizen stellt sich von 1900 bis 1913 auf 45 Millionen Meterzentner. Es wird sich also um ein Quantum von vorläufig 5—8 Millionen Meterzentner ungarischem Weizen handeln, ein Quantum, welches von Jahr zu Jahr allmählich zusammenschrumpft und welches vom Weltmarkt — und zweifelsohne in erster Reihe auch weiter von Österreich selbst — ob in Form von Mehl oder Weizen willig und vollwertig aufgenommen werden wird.

Die Schwarzseher kommen also wie ersichtlich nicht auf ihre Rechnung.

Die Einwendung, daß das gesonderte ungarische Zollgebiet mit Gefahren für das Preisniveau des Weizens verbunden wäre, ist nach diesen Daten von der Hand zu weisen.

Das gesonderte ungarische Zollgebiet kann mit Hinweis auf die nachteiligen, materiellen Rückwirkungen für die Landwirtschaft nicht bekämpft werden. Höhere volkswirtschaftliche und prinzipielle Rücksichten sind es, welche die Etablierung desselben, selbst auf die Gefahr einer ungünstigen Preisentwicklung der landwirtsaftlichen Produkte gebieterisch fordern. Doch kann diese Gefahr auf Grund der gepflogenen Untersuchungen, — welche ergaben, daß die eventuell freiwerdenden Weizenquantitäten überhaupt nicht drückend sind und durch den gesteigerten Konsum bald aufgenommen sein werden — nicht ernst genommen werden. Es waren eher Gespenster — sie sind nunmehr verscheucht.

§ 9.
Die Preisentwicklung im gesonderten Zollgebiete.

Die vorangegangenen Erörterungen erfolgten unter der vorläufig geduldeten Prämisse, als ob im Zustande des gesonderten Zollgebietes und im Falle der Eigenkonsum des Landes keine entsprechende Steigerung erfahren sollte, eine, wenn auch nur zeitweilige, ungünstige Preisentwicklung in Weizen sich tatsächlich einstellen könnte!

Es ist eine eigentümliche Erscheinung, daß die Behauptung der Wertverminderung der landwirtschaftlichen Produkte ungeprüft und ausschließlich auf Grund der gefällig zugeschnitzten Papierform Schule machen konnte. Sie ist zweifelsohne eine Folge vom Mangel an notwendiger Gründlichkeit in Wirtschaftssachen und muß nunmehr auf ihre Wahrheit geprüft werden.

Es ist unstreitig, daß eine Wertverminderung in Weizen die ungarische Landwirtschaft arg schädigen würde, denn die letztere ist mit ihrem durchschnittlichen jährlichen Weizenertrage von 45 Millionen Meterzentner im Werte einer Milliarde, ein ausschlaggebender Faktor im ungarischen Wirtschaftsleben. Sie wird auch von jeder Benachteiligung eifersüchtig gehütet, und eine Preisdepression ihrer bedeutendsten Produktion würde auch auf das gesamte Wirtschaftsleben eine ungünstige Rückwirkung üben. Wenn nun eine solche nachteilige Eventualität aus höheren Rücksichten, wie entwickelt, auch ertragen werden müßte, darf sie ohne genaue Untersuchung doch nicht als bare Münze hingenommen werden — umsoweniger, da eingestanden werden muß, daß sie geeignet ist, dem Unkundigen nicht unglaubhaft zu erscheinen! Rechnet man doch mit derselben zuweilen selbst in maßgebenden Kreisen!

Es muß also untersucht werden, ob die Behauptung begründet ist, nach welcher der Ungarweizen im Zustande des gesonderten ungarischen Zollgebietes eine Preiseinbuße erleiden könnte.

Diese These kann selbstredend nur retrospektiv untersucht werden. Man muß prüfen, ob der Ungarweizen in der Vergangenheit, also bis heute einen geringeren Preis erzielt haben würde, wenn statt des Vertragszollgebietes der Zustand der gesonderten Zollgebiete in Ungarn und in Österreich bestanden hätte. Denn wenn sich dies bewahrheitet, dann müßte auch für die Zukunft damit gerechnet werden.

Es bedarf keiner besonderen Erläuterung, daß — so wie bisher — auch in Zukunft — ob Vertragszollgebiet

§ 9. Die Preisentwicklung im gesonderten Zollgebiete. 59

oder gesonderte Zollgebiete — der Ungarweizen es sein wird, der zur Deckung des österreichischen Konsums herangezogen werden muß, insofern eben Ungarn abgabsfähig sein wird.

Die neue Situation wird sich daraus ergeben, daß im Zustande der gesonderten Zollgebiete der Ungarweizen künftig mit der fremden Ware auf den österreichischen Märkten ohne Zollschutz und de facto zu konkurrieren haben wird, ebenso wie er es bisher hätte tun müssen, falls gesonderte Zollgebiete bestanden haben würden. Das ist eben der neue Kurs gegenüber dem alten im Vertragszollgebiete, wo der Zollschutz die Konkurrenz fernhielt, eine solche also de facto gar nicht bestand — es sei denn, daß mangelhafte Erntejahre den Import ausländischer Ware bewirkten. Dieser letztere Fall und die Umstände derselben erheischen, wie es sich zeigen wird, eine ganz verschiedenartige Behandlung und Beurteilung.

Im Vertragszollgebiete hat der Zollschutz — so wurde gesagt — die Konkurrenz fremder Waren ferngehalten.

Der Zollschutz bezweckt aber bekanntlich nicht nur diese, sondern auch eine preishaltende Wirkung, die Sicherung der Parität des Weltmarktpreises.

Der Weltmarktpreis, der genau kontrolierbar ist, wird unter Mitwirkung der Konsumgebiete an den großen Produktionsgebieten festgesetzt — er ist also das Ergebnis von Angebot und Nachfrage. Die verschiedensten und auch die entferntesten Produktionsgebiete fügen sich automatisch der Preisbildung, die nur durch die geographische Lage und die Qualität eine Berichtigung erfährt. Auch der Preis des Ungarweizens wird sich im Zustande des gesonderten Zollgebietes den Weltmarktpreisen anpassen. Man wird ihn nicht teurer verwerten können, aber auch nicht wohlfeiler auszubieten haben.

Innerhalb der verschiedenen zollgeschützten Konsumgebiete müßten sich nun bei gesunden wirtschaftlichen Verhältnissen Konsummarktpreise herausbilden, die mit Berücksichtigung der Frachten, Zölle und Qualitäten den

Weltmarktpreisen entsprechen. Das ist die Parität der Weltmarktpreise.

Der Umstand nämlich, daß der Zoll die fremde Ware von irgendeinem Konsumgebiet fernhält, darf bei normalen wirtschaftlichen Verhältnissen nie jene Wirkung haben, daß die Konsummarktpreise daselbst nunmehr unbehindert auch unter Parität der Weltmarktpreise sinken! Der Zoll ist nicht zum Schutze einer die Wertverminderung bezweckenden Aktion, sondern darum da, damit er innerhalb der Konsumgebiete — also nicht nur an ausgesprochenen Importgebieten, sondern auch innerhalb sogenannter neutraler Gebiete, die zwar noch nicht ständig große Mengen importieren, aber doch nicht mehr exportfähig sind — die einheimische Ware auch dann auf Weltmarktpreisparität halte, wenn keine fremden Waren in großen Mengen im Zollgebiete benötigt werden.

Die Frage ist nun, ob im österreichisch-ungarischen Vertragszollgebiete diese Wirkung der Agrarzölle zur Geltung kam. Ob der Zoll des Vertragszollgebietes nur den Effekt hatte, die fremden Weizen fernzuhalten oder ob er vielmehr auch die Kraft besaß, den Preis der inländischen Ware auf das volle Paritätsniveau des Weltmarktpreises zu heben.

Hat das Vertragszollgebiet den Agrarzöllen diese Kraft verliehen, dann kamen sie eben zur Geltung und diesfalls müßten die Agrarprodukte im gesonderten Zollgebiete auf diese stützende Kraft folgerichtig verzichten: die Wertverminderung wird also zur Wirklichkeit.

Das ist die gefällig zugeschnitzte Papierform, auf welche eingangs Berufung geschah.

Wenn aber den Zöllen im Vertragszollgebiete diese Kraft nicht innewohnte, wenn denselben nur die Fernhaltung fremder Waren gelang, ohne gleichzeitig die Parität des Weltmarktpreises durchzusetzen; dann ist es um die These der Wertverminderung im gesonderten Zollgebiete geschehen. Wo kein Aufstieg erfolgt, kann kein Rückfall eintreten.

§ 9. Die Preisentwicklung im gesonderten Zollgebiete. 61

Zur Entscheidung dieser Kontroverse und zur Bereinigung der Fragen, die derselben zugrunde liegen, muß vor allem festgestellt werden, welcher von den österreichischen Märkten es ist, an dem die Wirkungen der Zölle am schärfsten in Erscheinung traten und an dem die Konkurrenz der fremden Weizen im Zustande der gesonderten Zollgebiete am klarsten zu beobachten ist, und welcher ausländische Weizen es ist, mit dem der Ungarweizen diese Konkurrenz zu bestehen haben wird.

Derjenige, der die österreichischen Wirtschaftsverhältnisse nur einigermaßen kennt, weiß es, daß der Hauptstapelplatz für Weizen und im allgemeinen für Getreide Wien ist. Allerdings, an den Peripherien Österreichs und auch in einzelnen Alpenländern sind auch andere Märkte maßgebend. Ausschlaggebend aber bleibt immer doch nur der Wiener Platz, dessen Preisnotierungen auch die genauesten und verläßlichsten sind.

Desgleichen bedarf es keiner besonderen Beweisführung, daß es der rumänische Weizen ist, der als erster Konkurrent in Frage kommt. Im Zustande gesonderter Zollgebiete ist es also der Rumänweizen, dessen Gestehungskosten nach Wien mit allen Spesen und Auslagen den Maßstab für den Wiener Preis von Ungarweizen bilden. Der Zoll selbst ist gar nicht zu beachten. Der Weizen — der rumänische ebenso wie der ungarische — erhöht sich dem österreichischen Konsumenten im Preise um den Zollbetrag. Das ist also Sache des österreichischen Konsumenten und kommt bei unserer Berechnung gar nicht in Frage. Die Differenz, welche sich zwischen dem nach Wien gestellt kalkulierten Preise des Rumänweizens und jenem des Ungarweizens ergibt, wird also der Betrag sein, welchen der ungarische Weizen gewann oder einbüßte, respektive gewinnen oder einbüßen wird.

Die Preise des nach Wien gestellten Ungarweizens konnten aus den amtlichen Quellen festgestellt werden. Es sind das die Preise für den absolut reinen, allerfeinsten Theißweizen von 80—83 kg Qualitätsgewicht per Hektoliter. Diese Qualität wird nämlich an der Wiener Börse an jedem Börsentag ermittelt, ob nun ein solcher Weizen an jenem Tage gehandelt wurde oder nicht. Nun mußte auch der Preis des gleichwertigen Rumänweizens ermittelt werden. Der zu dieser Ermittelung einigermaßen geeignete, einzige rumänische Marktplatz ist bekannterweise Braila. Leider begegnet man aber daselbst bei dieser Ermittelung großen Schwierigkeiten. Es werden nämlich dort die täglich vorkommenden Weizenabschlüsse zwar notiert, nicht aber wie in Wien und an den übrigen westlichen Marktplätzen die abstrakten Weizenqualitäten. Der Verfasser vorliegender Studie hat in einer vor 5 Jahren in ungarischer Sprache erschienenen Arbeit[1] auf Grund der Brailaer Kursblätter und privater Quellen eine Reihe Brailaer Weizennotierungen gesammelt, doch solche die sich stets auf die gleichen abstrakten Qualitäten beziehen konnte er nicht ermitteln.

Auch seither haben sich die Verhältnisse im Wesen nicht geändert. In der Form insoferne, als seit 1910 das statistische Amt in Bukarest die Brailaer Notierungen offiziell publiziert. Die Notierungen der in Braila vorgekommenen Abschlüsse sind auf Monats- und Jahresdurchschnitt berechnet, aber noch immer nicht auf die feste Grundlage einer abstrakten Qualität gebracht. Es werden die Preise für 80/81, 78/79 und 74/77 kg notiert, also anscheinend für prima, mittel und sekunda. Jedoch nur anscheinend, denn in der Wirklichkeit blieb alles beim alten. Wenn also beispielsweise am 1. Oktober ein 80/81 kg Weizen gehandelt wurde, wird derselbe notiert, ohne die Beschaffenheit, Zusatz, Provenienz und andere Merkmale der Ware festzunageln. Und wenn am 2. Oktober abermals ein 80/81 kg Weizen gehandelt wird, untersucht man

---

[1] Az Ausztriától való gazdasági különválás nyomán várható alakulások. (Die in Ungarn nach der erfolgten wirtschaftlichen Trennung von Österreich zu gewärtigenden wirtschaftlichen Gestaltungen.) Ausgezeichnet durch die königliche ungarische Akademie. Franklin Gesellschaft Budapest 1909.

§ 9. Die Preisentwicklung im gesonderten Zollgebiete. 63

nicht, ob die Merkmale dieses Weizens mit denen der am 1. Oktober gehandelten Ware übereinstimmen, sondern es werden die zwei Notierungen einfach nebeneinander gestellt. Kurz die Durchschnittsergebnisse sind nicht geeignet, als Basis einer ernsten Arbeit zu dienen, weil sich dieselben nicht auf eine und dieselbe abstrakte Qualität beziehen, wie die Notierungen der westlichen Marktplätze, mit denen sie zu vergleichen wären, um aus den Parallelen die Konsequenzen abzuleiten.

Die Unverwendbarkeit der Brailaer Notierungen wird ganz klar, wenn man die Notierungen der Monatsdurchschnitte betrachtet. Zwischen dem 80/81 und 78/79 kg Weizen müßte, wenn die Notierung sich stets auf die gleiche Qualität bezöge, eine Differenz von zirka 60—90 bani per 100 kg bestehen. Nun sehen wir aber, daß die Differenzen in einigen Monaten 1,50 Lei betragen, um in den anderen auf 25 sage fünfundzwanzig bani zu sinken! Die Differenzen zwischen den 78/79 und 74/77 Waren sind noch veränderlicher. Auch sind die Differenzen in den Durschnittsnotierungen der einzelnen Monate viel größer als die effektiven Schwankungen im Preise. Diese Umstände bekräftigen also wieder nur das oben Gesagte und machen es verständlich, daß zur Preisermittelung eine andere Methode gesucht werden mußte, die wieder nur in der Befolgung jenes Systems bestehen kann, welches in der bereits erwähnten Arbeit sich vollauf bewährte. Das ist die Preisermittelung über Antwerpen. Antwerpen ist nämlich der deklariert bedeutendste Stapelplatz für Rumänweizen. Dementsprechend werden daselbst die Donauweizen täglich in drei Sorten notiert und zwar: Donau prima (Danube superieur), Donau mittel (Danube moyen) und Donau sekunda (Danube inferieur). Außerdem werden auch die übrigen Provenienzen und unter anderem auch die am Platze vorkommenden feinsten Weizen — wenn auch weniger systematisch — kotiert. Letztere Kotierungen beziehen sich auf primste Australier, Argentinier und Kalifornier. All diese Kotierungen erfolgen in Antwerpen täglich, auch wenn an den betreffenden Tagen effektive Abschlüsse in den betreffenden Provenienzen und Qualitäten nicht vorkamen, sie sind also zu einer systematischen Bearbeitung geeignet. Ihre Authentie kann nicht angezweifelt werden. Sie sind auch in den statistischen Jahrbüchern des Deutschen Reiches aufgenommen.

Die Rumänweizen werden übrigens auch in Mannheim und zwar cif. Rotterdam täglich notiert. Neuestens werden diese Mannheimer Notierungen in den durch die k. k. Ministerien für Handel und Ackerbau zusammengestellten „Warenpreisberichten" zweiwöchentlich publiziert. Die Zuverlässigkeit der Antwerpener Notierungen wird durch diese Mannheimer Preiskotierungen cif. Rotterdam bekräftigt.

Allerdings sei hier erwähnt, daß sich der Begriff der Donauweizen mit jenem von Rumänweizen nicht vollständig deckt. Unter Donauweizen versteht man Waren, welche von der unteren Donau stammen, also außer Rumänen auch Bulgaren und Serben. Gewiß ist die per Braila exportierte Ware überwiegend rumänischer Provenienz — da doch die rumänische Weizenproduktion die bedeutendste der unteren Donaustaaten ist — ausschließlich rumänischer Provenienz ist sie aber doch nicht. Es ist vielmehr allbekannt, daß die verschiedenen Provenienzen in Braila sogar untereinander nur zu oft gemengt werden, bevor sie seewärts zur Verladung gelangen.

Diese Differenzierung der Donauweizen wird im späteren Verlaufe der Erörterungen eine besondere Wichtigkeit erlangen. Vorerst möge sie dahingestellt sein und es soll inzwischen die Antwerpener Kotierung von Rumänweizen respektive diejenige der Donaumittelweizen auf Brailaer und dann mittelst Ausgleichung der Qualitäts- und Provenienzdifferenz zwischen Donaumittel und primstem Ungartheiß auf Wiener Parität gebracht werden.

Auf Brailaer Parität kommen die Antwerpener Kotierungen durch Subtraktion der Fracht von Braila nach Antwerpen und der Spesen.

§ 9. Die Preisentwicklung im gesonderten Zollgebiete. 65

Eine genaue, auf Jahre zurückreichende Prüfung der Seefrachten ergab, daß für Fracht inklusive Spesen und Marge maximal 1 Krone 40 Heller abzurechnen sind. Durch Abrechnung dieses Betrages erhalten wir also den Preis von Donau-Mittelweizen loko Braila.

Nachher muß man feststellen, wie hoch sich dieser Donau-Mittelweizen nach Wien loko stellt und schließlich welche Differenz für den Qualitäts- und Provenienzunterschied Rumänmittel — Theißprima zu berechnen ist.

Die Kosten von Braila nach Wien bestehen in der Schiffsfracht und der Peage beim Eisernen Tor, wozu noch die usuelle Marge zu rechnen ist.

Die Donauschiffsfrachten sind aus nachfolgender Tabelle, welche die offiziellen Daten der Dampfschiffahrtsgesellschaften enthält, ersichtlich.

Jahrgang	Donaufrachtsätze in Kronen per 100 kg von Braila bis Wien			
	Frühjahr	Sommer	Herbst	Jahresdurchschnitt
1900	207	201	240	216
1901	200	196	235	210
1902	200	181	196	193
1903	196	167	225	186
1904	157	196	278	210
1905	157	125	191	158
1906	157	205	205	189
1907	186	191	196	196
1908	185	185	160	177
1909	160	200	222	194
1910	160	160	200	173
1911	185	212	240	212
1912	215	205	205	208
1913	200	210	210	207

Zu diesen Frachtsätzen müssen noch jedesmal 20 Heller an Peage beim Eisernen Tor, ferner 60 Heller an Spesen und Marge hinzugerechnet werden, also insgesamt 80 Heller per 100 Kilogramm.

Die Höhe der zu berechnenden Qualitäts- und Provenienzdifferenz ergibt sich aus nachstehenden Berechnungen.

Der Donaumittelweizen ist bekanntlich eine Ware mit 76/77 kg Qualitätsgewicht und 3—4 % Zusatz, wobei zu berücksichtigen ist, daß die sonstige Beschaffenheit der Ware sowohl in Antwerpen als auch an allen übrigen Hafenplätzen weitaus weniger rigoros beurteilt wird als in Wien. Es muß nun festgestellt werden, welchen Mehrwert der 80/83 kg wiegende Primatheiß gegen diese Weizen hat.

Die Berechnungen in der bereits erwähnten Arbeit des Verfassers vorliegender Studie ergaben, daß der ermittelte Antwerpener Durchschnittspreis des Donaumittelweizens dem Durchschnittspreis von Donauprima um 1 Krone und jenem der feinsten Qualitäten (Argentinier, Australier, Kalifornier) um 1.65 Kronen per 100 kg zurückstand. Auf Grund dieser Wahrnehmungen muß demnach der Preis des Donaumittels um 1.65 Kronen per 100 kg erhöht werden, damit der Durchschnittspreis der besten in Antwerpen notierten Weizen resultiere. Daß aber der Primatheiß Ungarweizen im Werte noch höher geschätzt wird als die angeführten besten Weizensorten des Antwerpener Platzes, das ist wohl unbestritten — gar nicht davon zu sprechen, daß letztere trotz ihrer qualitativen Vorzüge, in Reinheit selten dem Primatheiß gleichkommen. Wenn also der Preis des Donaumittelweizens um 1.65 Kronen per 100 kg erhöht wird, um die Qualitäts- und Provenienzdifferenz gegen Primatheiß auszugleichen, ist dieser Satz ein derart minimaler, daß er hier blos darum angewendet werden wird, damit die Berechnung ja nicht beanstandet werden könne. Es handelt sich nämlich um die Differenz zwischen einem 76/77 kg schweren 3—4% Zusatz enthaltenden, bezüglich Beschaffenheit und Farbe nicht immer einwandfreien Donauweizen, dessen Provenienz genau genommen, nicht einmal eine garantiert rumänische ist und noch weniger ist er der beste Rumänweizen — gegen den feinsten, der absolut ersten Provenienz entstammenden 80/83 kg per Hektoliter wiegenden zusatzfreien ungarischen Theißweizen!

Diesen Richtlinien entsprechend enthält die nachfolgende Tabelle in der Rubrik

§ 9. Die Preisentwicklung im gesonderten Zollgebiete. 67

1. Den Preis des Donaumittelweizens, wie er in Antwerpen notiert ist.
2. Den um 1,40 Kronen reduzierten Betrag der Rubrik 1., also den Preis desselben Donaumittelweizens loko Braila.
3. Den Satz, um welchen die Preise der Rubrik 2. zu erhöhen sind, um auf Wiener Parität zn kommen, also den Betrag von 80 Heller für Peage und Spesen und 1,65 Kronen für Qualitäts- und Provenienzdifferenz, insgesamt daher den fixen Satz von 2,45 Kronen zuzüglich der jeweiligen, aus der vorangehenden Frachtentabelle entnommenen Schiffsfracht.
4. Die um den Satz der Rubrik 3. erhöhten Beträge der Rubrik 2., also den Preis, wie sich der dem Primatheiß gleichkommende Rumänprima nach loko Wien stellt.
5. Den Preis des ungarischen Primatheißweizens loko Wien.
6. Die Differenz zwischen Rubrik 4. und 5. zugunsten des Ungarweizens.
7. Die Differenz zwischen Rubrik 4. und 5. zum Nachteil des Ungarweizens.

Jahrgang	1. Donaumittel Kotierung Antwerpen	2. Rumänmittel loko Braila	3. Schifffracht zuzüglich 2,45	4. Rumänprima loko Wien	5. Primatheiß ungarischer loko Wien	6. Im Zustande des gesonderten Zollgebietes für Ungarweizen Vorteil	7. Nachteil
1900	15,75	14,35	4,61	18.96	17,40	1,56	—
1901	15,25	13,85	4,55	18,40	17,60	0,80	—
1902	15,10	13,70	4,38	18,08	18,80	—	0,72
1903	15,70	14,30	4,31	18,61	17,20	1,41	—
1904	17,—	15,60	4,55	20,15	20,60	—	0.45
1905	17,20	15,80	4,03	19,83	19,60	0,23	—
1906	15,80	14,40	4,34	18,74	17,80	0,94	—
1907	19,50	18,10	4,41	22,51	22,40	0,11	—
1908	20,60	19,20	4,22	23,42	26,10	—	2,68
1909	22,45	21,05	4,39	25,44	30,60	—	5,16
1910	19,50	18,10	4,18	22,28	25,80	—	3,52
1911	18,20	16,80	4,57	21,37	25,90	—	4,53
1912	20,35	18,95	4,53	23,48	25,35	—	1,87

Die Ergebnisse dieser Tabelle müssen gleich allen statistischen Ermittelungen in die richtige Beleuchtung gestellt werden, was auch unverweilt geschehen wird, damit die abzuleitenden Sätze nicht täuschen.

Doch selbst ohnedem ergibt die Tabelle, so wie sie ist, daß im dreizehnjährigem Zeitraume von 1900 bis inklusive 1912 bei gesonderten Zollgebieten der Donauweizen im Durchschnitt 106 Heller per 100 kg wohlfeiler nach Wien zu stehen gekommen wäre, als der Ungarweizen gehandelt worden ist. Der Ungarweizen würde demnach bei gesonderten Zollgebieten denselben Betrag, somit etwa 1 Krone per 100 kg, als Verlust davongetragen haben!

Müßten also die Ergebnisse der Tabelle und dementsprechend auch die hier ermittelte Durchschnittsziffer keiner Berichtigung unterzogen werden, selbst dann bedürfte es wahrhaftig keiner besonderen Erläuterung, daß ein Verlust von 1 Krone per 100 kg Weizen im allgemeinen nicht den Charakter eines Preissturzes hat und überhaupt keine solche Preiseinbuße zu nennen ist, welche die Kraft und die Entwicklung der Landwirtschaft auch nur im geringsten Grade zu beeinträchtigen imstande wäre. Und sind einmal die Dimensionen der Opfer, um welche es sich handeln kann, der großen Öffentlichkeit bekannt, dann dürften sich auch jene um die Politik der Zolltrennung scharen, die bisher, sei es aus allgemeinen oder aus rein egoistischen landwirtschaftlichen Rücksichten die Zollgemeinsamkeit unterstützten, umsomehr, da doch auch erwogen werden muß, daß jedes Opfer, welches die Landwirtschaft zu tragen hätte, dem Konsum des eigenen Landes zugute käme. Das ist der demokratische Zug in der Zolltrennungspolitik. Ein Zug der — ohne den Geist unserer Zeit zu verkennen — in der wirtschaftlichen Politik eines Landes heutzutage nicht fehlen darf.

Die ermittelte Verlustziffer ändert sich aber plötzlich, wenn alle Details der bei der Aufstellung der Tabelle befolgten Berechnung und die sonstigen Umstände ins Gedächtnis zurückgerufen werden und erwogen wird

§ 9. Die Preisentwicklung im gesonderten Zollgebiete.

1. daß bei den Frachten, den Qualitäts- und Provenienzdifferenzen die maximalsten respektive die minimalsten Sätze angewendet sind;
2. daß für die verschiedensten Spesen, Manko, unvorhergesehene Auslagen, Platzkosten usw., überhaupt nichts in Kalkulation gezogen wurde;
3. daß man unter der Bezeichnung von Donauweizen — was in der Kalkulation bekanntlich gar nicht berücksichtigt wurde — in Antwerpen nicht allein Rumänweizen, sondern die dem Rumänweizen bedeutend inferieuren Bulgar- und Serbweizen handelt und notiert, daß daher die angewendeten und bekanntlich für Rumänweizen ermittelten Erhöhungssätze aus diesem Gesichtspunkte schon gar nicht ausreichen, da sich die Kotierungen im Grunde genommen nicht auf Rumän- sondern auf Donauweizen beziehen;
4. daß in Wien die auf Qualität bezughabenden Übernahmebedingungen unvergleichlich rigoroser sind als in Antwerpen und an allen übrigen Seehafenplätzen, und daß das Maß im Unterschied der Behandlung auf einige Prozente gesetzt werden kann.

Wie gesagt, ändert sich plötzlich die Verlustziffer, sobald diese Momente erwogen werden. Sie verliert aber ganz und gar ihre Bedeutung, wenn ihr die Vorteile zur Seite gestellt werden, welche das gesonderte Zollgebiet den übrigen wirtschaftlichen und sozialen Faktoren des nationalen Lebens und durch dieselben mittelbar der Landwirtschaft selbst bietet und welche bereits entwickelt wurden.

Nun muß aber die Tabelle behufs Erlangung verläßlicher Durchschnittsergebnisse die richtige Beleuchtung erhalten. Sie muß einer berichtigenden Selektion unterzogen werden, da, wie es sich zeigen wird, die ermittelte Durchschnittsverlustziffer durchaus keinen Anspruch auf Verläßlichkeit hat

§ 10.
Die Analyse der Preisgestaltung und die endgültigen Ergebnisse derselben.

Die kommentarlosen, trockenen Ziffern der statistischen Daten sind bekanntlich nicht immer treue Interpreten der Ereignisse. Durch eine zielbewußte Gruppierung und Beleuchtung gelangen sie erst zu ihrer eigentlichen Bedeutung.

Auch im gegebenen Falle müssen dementsprechend die einzelnen Jahresresultate unserer Tabelle einer eingehenden Prüfung unterzogen werden und sind es insbesondere jene der Jahrgänge von 1908, 1909 und 1910 die eine solche Prüfung geradezu herausfordern.

Vom Jahre 1900 bis einschließlich 1907 sprechen die statistischen Resultate zugunsten der Zolltrennung. Die geringen Abweichungen von 1902 und 1904 sind verschwindend und werden durch die übrigen Jahrgänge mehr als paralysiert. Plötzlich, im Jahre 1908 entsteht eine auffallende Verschiebung zugunsten der Zollgemeinsamkeit!

Man muß nicht lange suchen, um auf den Grund dieser Erscheinung zu kommen. Er liegt in den Ernteergebnissen der betreffenden Jahre, die in nachfolgender Zusammenstellung veranschaulicht sind. Für Österreich sind in den Ergebnissen auch jene der Roggenernte mit inbegriffen, da in Österreich der letzteren eine größere Bedeutung zukommt als in Ungarn und selbst eine größere als der Weizenernte in Österreich. Die Ziffern sind in Millionen Meterzentner eingestellt.

Schon bei flüchtiger Betrachtung dieses Ausweises müssen die Ergebnisse der Jahre 1907 und 1909 auffallen.

Die Ernte des Jahres 1907 ist bereits sehr schwach, fast schlecht zu nennen, sie ergibt in Ungarn 36 und in Österreich 49 Millionen Meterzentner. In demselben Jahre macht sich aber dieses düstere Ergebnis in den Preisen nicht fühlbar, weil die Ergebnisse der Jahre 1905 und 1906 in Ungarn mit 46 respektive 57 und in Österreich

§ 10. Analyse d. Preisgestaltung u. die endgültigen Ergebnisse. 71

mit 55 respektive 56 Millionen Meterzentnern geradezu beispiellos dastanden. Die Vorräte dieser zwei außergewöhnlichen Erntejahre reichten tief in das Jahr 1907, so daß die schlechte Ernte des letzteren Jahres erst im Jahre 1908 zur Geltung kam. Auch sonst ist es ja bekannt, daß sich die Wirkungen einer jeden Ernte vom Juli

Jahrgang	Weizenernte Ungarns	Weizen- und Roggenernte Österreichs	Gesamternten Weizen Ungarn und Weizen und Roggen Österreich
1902	50	47	97
1903	48	46	94
1904	40	52	92
1905	46	55	101
1906	57	56	113
1907	36	49	85
1908	45	46	91
1909	34	45	79
1910	49	43	92
1911	52	42	94
1912	50	42	92

des betreffenden Jahres bis zum Juli des nächsten Jahres fühlbar machen. Im Jahre 1907 wurden aber die Preise der zweiten Jahreshälfte durch jene von Jänner bis Juli paralysiert. Das ist der Grund, daß die Wirkung des Erntejahres 1907 nur im Jahre 1908 statistisch zum Vorschein kommt.

Wenn aber das Jahr 1907 bezüglich seiner Ernte sehr schwach genannt wurde, muß die Ernte per 1909 schon als ganz und gar schlecht bezeichnet werden. Sie hat nicht nur im Jahre 1909 die Preise in die Höhe getrieben, sondern dieselben selbstverständlich auch in der Ersthälfte des Jahres 1910 auf derselben Höhe gehalten, wodurch wieder der Durchschnitt des ganzen Jahres 1910 beeinflußt wurde. Die monatlichen Preisberichte sind in dieser Hinsicht sehr lehrreich, sie ergeben, daß der Wiener Weizenpreis für den Ungarprimatheiß im Jahre 1910 vom Jänner bis Juni im Durchschnitt 29,25 und von Juni bis Dezember 23,00 betrug. Die plötzliche Verschiebung ab 1908 bis 1910 ist also eine Folge der ungewöhnlich schlechten Ernten in den Jahren 1907 und 1909. In solchen Jahrgängen müssen bekanntlich beträchtliche Mengen Getreide vom Auslande bezogen werden. So geschah es auch in diesen Jahren und im Jahre 1909 wurden bereits nicht weniger als 7,4 Millionen Meterzentner fremdes Getreide in das Vertragszollgebiet eingeführt. Die natürliche Folge dieses Umstandes ist es wieder, daß die Preise im Inlande respektive im Vertragszollgebiete sich den Weltmarktpreisen näherten und sie sogar erreichten.

Es ist eine merkwürdige Erscheinung des österreichisch-ungarischen Vertragszollgebietes, daß trotz der hohen Agrarzölle und namentlich trotz des hohen Weizenzolles von 6,30 Kronen per quintal und trotzdem das Vertragszollgebiet selbst in den besten Erntejahren kein Exportgebiet bildet, die Preise, wie aus den Tabellen ersichtlich, nur in Mißerntejahren auf die Weltmarktparität gelangen. Das heißt, mit anderen Worten, daß der Weizenzoll nur in Mißerntejahren zur Geltung kommt.

So kamen die Agrarzölle im Vertragszollgebiet ab 1908 bis 1910 allmählich zur Geltung, ein Umstand, dessen zwingende und logische Konsequenz es ist, daß im Zustande gesonderter Zollgebiete der Ungarweizen in den betreffenden Jahrgängen genau um denselben Betrag nachteilig beeinflußt worden wäre, um welchen die Agrarzölle zur Geltung kamen.

Daß der Zoll im Vertragszollgebiet nicht ständig zur Geltung kam, das ist eben die merkwürdige und bedauerliche Erscheinung. Bedauerlich für die Politik der Zollgemeinsamkeit, auf die sie aus landwirtschaftlichen Gesichtspunkten geradezu vernichtend wirkt. Es wird sich noch Gelegenheit bieten, auf die Ursachen dieser Erscheinung zurückzukommen, an dieser Stelle sei nur die nackte Tatsache festgestellt, daß die Preisgestaltung der

§ 10. Analyse d. Preisgestaltung u. die endgültigen Ergebnisse. 73

Jahre ab 1908 bis 1910 und die ungünstige Prognose, die hieraus auf die Preisgestaltung im Zustande gesonderter Zollgebiete konstruiert werden könnte, auf die Mißernten der Jahre 1907 und 1909 zurückzuführen sind. Was nun die Preisgestaltung des Jahres 1911 betrifft, welche bezüglich dieses Jahrganges gleichfalls eine ungünstige Prognose für das gesonderte Zollgebiet zuließe, muß auf die Vorgänge an der Budapester Terminbörse im Jahre 1911 hingewiesen werden. Diese Vorgänge sind allen bekannt, die sich für die geschäftlichen Vorkommnisse und überhaupt für die Preisgestaltung von Getreide interessieren. Es bildete sich im Frühjahr des in Rede stehenden Jahres ein Haussekonsortium am Budapester Platze. Dasselbe beabsichtigte die Weizenmengen, die im Oktobertermin zur Kündigung gelangen, aufzunehmen, kurz um einen börsengeläufigen terminus technicus zu benützen, eine Weizenschwänze zu veranstalten. Der kapitalskräftigen Gruppe kamen verschiedene entscheidende Umstände zur Hilfe. Die Witterungsverhältnisse waren ab Juni geradezu besorgniserregend, insbesondere für die Futtergewächse, und in der Politik wurde die türkische Frage aufgerollt, der tripolitanische Krieg begann. Begünstigt durch diese Zwischenfälle gelang es, die Getreidepreise wieder auf eine Höhe zu bringen, welche der Parität der Weltmarktpreise nahekam. Die Agrarzölle kamen also wieder zufolge anormaler Ereignisse im Vertragszollgebiet zur Geltung. Und dieselben anormalen Ereignisse sind es, auf welche die ungünstige Prognose zurückzuführen ist, die im Zustande der gesonderten Zollgebiete für dieses Jahr resultierte.

Die Ursachen der Preisgestaltung in den Jahren ab 1908 bis 1911 sind also klargestellt und das Entscheidende an dieser Stelle ist, daß sie durchaus nicht regelmässig wiederkehrende, sondern im Gegenteil ganz und gar anormale sind. Mißernten und auch die geschilderten Börsenmanöver sind glücklicherweise nicht auf der Tagesordnung und können demnach auch ihre ganz außergewöhnlichen anormalen und seltenen Wirkungen nicht in Betracht und

Berechnung gezogen werden, wenn es gilt, die normalen Durchschnittsergebnisse normaler Jahrgänge zu ermitteln! Das war bekanntlich der Ausgangspunkt der diesmaligen Erörterungen. Durchschnittsergebnisse sollen eben den Durchschnitt zwar verschiedener, aber doch nur normaler Funktionen oder Ereignisse veranschaulichen. Sind in denselben ganz exzeptionelle Erscheinungen mit inbegriffen, die nicht regelmäßig wiederkehren, die anormal sind, dann werden eben die Durchschnittsergebnisse keine echten und verläßlichen sein, sie werden täuschen und zu ihrem Verständnis Kommentare bedürfen.

Damit nun im vorliegenden Falle die Durchschnittsergebnisse nicht täuschen, müssen die exzeptionellen und anormalen Jahrgänge von 1908—1911 ausgeschieden werden. Nach dieser Ausscheidung ergeben aber die verbleibenden normalen Jahrgänge im Durchschnitt einen entschiedenen Vorteil zugunsten des gesonderten Zollgebietes! Vom Jahre 1900 bis heute würde der Ungarweizen im Zustande gesonderter Zollgebiete nicht nur keinen Nachteil erlitten, sondern einen Vorteil von 34 Hellern per quintal genossen haben! Es ist hierbei ganz überflüssig, auf die Unterlassungen in den Berechnungen zum Nachteil der Ungarweizen hinzuweisen. Wenn diese auch hier in Betracht gezogen würden, dann ergäbe sich ein noch bedeutenderer Vorteil. Doch die trockenen Ziffern ohne diese Korrektur verkünden am beredtesten die Vorteile des gesonderten ungarischen Zollgebietes auch in Hinblick auf die materiellen Interessen der Landwirtschaft und werden zweifelsohne all jene überzeugen, die bisher aus diesem Gesichtspunkte dagegen Stellung nahmen.

Die Ausscheidung der anormalen Jahrgänge geschieht aber durchaus nicht, um denselben ausweichen zu können. Im Gegenteil die Preisgestaltungen derselben sollen durch eine gesonderte Behandlung ungleich gründlicher erwogen und gewürdigt werden.

Unsere Tabelle ergab bekanntlich, daß in gewissen Ausnahmejahren die Weizenpreise sich im Vertragszollgebiet

§ 10. Analyse d. Preisgestaltung u. die endgültigen Ergebnisse. 75

um die ausgewiesenen Beträge über den Weltmarktpreis erhöhten, sie würden also im gesonderten Zollgebiet diese Erhöhung in den betreffenden Ausnahmejahren einbüßen. In erster Reihe handelt es sich um die Jahrgänge, wo das Land von einer Mißernte heimgesucht wird. Man mag über Agrarzölle denken wie man will, das eine scheint unbestritten zu sein, daß über deren Wirkung in Mißerntejahren, wo sie die Preise der Brotfrüchte auf eine exorbitante Höhe treiben, selbst die Agrarier nicht sonderlich erbaut sind. In solchen Jahrgängen ist das absolute Weltmarktpreisniveau bereits so hoch, daß eine weitere Erhöhung durch Zollmaßregeln nicht nur nicht erwünscht ist, sondern geradezu ein soziales Unglück bedeutet. Das Unglück, durch welches die Natur das Land heimsucht, wird durch die Zölle künstlich potenziert. In solchen Zeiten werden auch die Konsequenzen in weiser Mäßigung praktisch abgeleitet. Man pflegt die Zölle wohlweislich aufzuheben oder zu ermäßigen. Es scheint also, daß es vom sozialen und auch vom allgemein nationalen Gesichtspunkte gar nicht zu beklagen ist, wenn in ähnlichen Jahrgängen die Preise nicht über das ohnehin schon erhöhte Niveau der Weltmarktpreise reichen. Die ziffernmäßigen Nachteile der Tabelle bedeuteten also nur scheinbare Verluste für das Land. Sie könnten höchstens materielle Verluste für eine Gesellschafts- oder Erwerbsklasse bedeuten. Für das Land und mittelbar daher auch für alle Erwerbsklassen bedeuten sie aber unschätzbare Erleichterungen. Auch das gesonderte Zollgebiet, welchem diese Erleichterungen zu verdanken wären, müßte demnach auch im Hinblick auf solche Zeiten herbeigewünscht werden.

Es ist aber leider durchaus nicht ausgemacht, daß das gesonderte Zollgebiet tatsächlich diese Erleichterungen brächte. Das hängt nämlich davon ab, welche Zollpolitik das handelspolitisch gesonderte Ungarn machen wird!

Der für den Fall einer Zolltrennung bereits fertige und gesetzlich inartikulierte autonome Zolltarif enthält dieselben Agrarzölle, welche das Vertragszollgebiet einhebt. Die Richtung der Zollpolitik Ungarns ist also bereits vorgezeichnet, und wenn auch gar keine Hindernisse bestehen werden, diese zu verlassen, besteht hiefür doch keine Hoffnung, insolange der jetzige zollpolitische Kurs in Europa herrscht!

Welche Wirkungen respektive welche Veränderungen werden nun die Agrarzölle im handels- und zollpolitisch gesonderten Ungarn nach sich ziehen?

Zweifellos gar keine. Da doch in normalen Jahrgängen, bei normaler Ernte das ungarische Gebiet noch eine Zeit hindurch ein Exportgebiet bleiben wird. In dem Augenblick aber, in welchem das Land zufolge einer Mißernte selbst seinen eigenen Bedarf nicht zu decken vermag und zu fremden Brotfrüchten Zuflucht nehmen muß, in demselben Augenblick kommen die Agrarzölle auch im zollgetrennten Ungarn zur Geltung, da das hereinströmende und zollbelastete ausländische Getreide den Preis der inländischen Ware bestimmt! In Zeiten einer Mißernte wird also auch im zollgetrennten Ungarn der Preis der ungarischen Ware um den vollen Zollbetrag oder um einen Bruchteil desselben über dem Weltmarktpreis notieren — genau so wie im Vertragszollgebiet! Die Verlustergebnisse, welche die Tabelle für solche Jahrgänge ergab, erweisen sich also als trügerisch. Sie würden sich nur dann bewähren, wenn das zollgetrennte Ungarn mit der Politik der Agrarzölle vollständig aufräumen würde! Es war also gebieterisch notwendig, die Ergebnisse dieser Jahrgänge auszuscheiden, da die hier entwickelten Preisgestaltungen neuerdings zur Erhärtung dessen beitrugen, daß diese Jahrgänge aus anderen, von den bisherigen abweichenden Gesichtspunkten beurteilt werden müssen. Auch die Erleichterungen, von denen soeben gesprochen wurde, sind also leider blos theoretischer Natur, in der Praxis werden sie kaum oder nur in ganz seltenen Fällen eintreten.

Was nun schließlich die Wirkungen von Börsenmanövern

§ 10. Analyse d. Preisgestaltung u. die endgültigen Ergebnisse. 77

betrifft, gleich jenen des Jahres 1911, sei auf die Bestimmungen für den Börsenverkehr hingewiesen, welche vorschreiben, daß bei Termingeschäften und Lieferungen auf solche Geschäfte nur Waren heimischer Provenienz zulässig sind — außer es wurde ausdrücklich Lieferung ausländischer Ware bedungen, was in solchen Zeiten zu bedingen respektive zuzulassen wohlweislich vermieden wird. Im Grunde genommen bedeutet diese Verfügung die Errichtung einer geschäftlichen Terminzollschranke durch Berufskreise, welche im allgemeinen — aber wie es sich entpuppt doch nur in der Theorie — dem Freihandelssystem huldigen! Durch diese Zollschranke und mit Hilfe der Agrarschutzzölle wird es aber einer kapitalskräftigen, unternehmungslustigen Gruppe auch in Zukunft nicht unbenommen bleiben die verfügbaren Vorräte des Landes anzukaufen und eine „Schwänze" zu veranstalten. Und wenn sie das tut, wird es ihr auch in Zukunft möglich sein, die Preise über das Niveau des Weltmarktpreises zu treiben! Es wird alles auf die Kapitalskraft ankommen, mittels deren man auch im Zustande des gesonderten Zollgebietes dasselbe Kunststück wird zuwege bringen können, welches im Vertragszollgebiet produziert wurde. Der Ungarweizen wird also auch in solchen Fällen keinen Verlust erleiden — der Verlust wird bei Fehlschlagen der Spekulation nur die Interessenten der betreffenden Gruppe treffen.

An dieser Stelle möge es noch verzeichnet werden, daß — wie die Erfahrung auch auf Grund der hier vorgenommenen Forschungen lehrt — der Terminbörse jene preisnivellierende Eigenschaft, die ihre Gönner ihr gerne andichten, leider beim besten Willen nicht zuerkannt werden kann. Man hat nichts davon bemerkt. Bei peinlich genauen Nachforschungen hätte man vielleicht sogar auf Spekulationen stoßen können, die der normalen Preisentwicklung eher hemmend im Wege standen! Auf die Erfolge des Jahres 1911 wird man sich gewiß nicht rühmend berufen. Das sind zu teuer erkaufte und zweifelhafte Erfolge und selbst diese werden durch die auf dem Fuße folgenden Reaktionen der Preisentwicklung mehr als paralysiert. Das gesunde Wirtschaftsleben benötigt regelmäßig funktionierende Organe. Solche, deren Funktionen man mit tendenziösen Absichten steuern und willkürlich — oft sogar gegen die Gemeininteressen — einstellen kann, sind eben Fremdkörper im Wirtschaftsorganismus. Sie gehören eher zu den Ursachen, welche es verhindern, daß die Agrarzölle zur Geltung kommen.

Die Erscheinungen der Jahre von 1908—1911 wurden also insgesamt aufgeklärt und auf der ganzen Linie, mit Berücksichtigung aller Eventualitäten der Nachweis erbracht, daß ein Nachteil für das Preisniveau in Weizen im Zustande des gesonderten ungarischen Zollgebietes gegen dasjenige im Vertragszollgebiet nicht zu befürchten ist, wobei ausdrücklich daran erinnert werden muß, daß als Konkurrent und Maßstab, an welchem der Wert des Ungarweizens abgemessen wurde, der rumänische Weizen galt. Derjenige, der von allen Konkurrenten zu den allerwohlfeilsten Preisen nach Wien zu stellen ist! Gibt es aber einmal an der unteren Donau eine mangelhafte Ernte und müssen dann andere Provenienzen, also der Reihe nach die russischen und dann die überseeischen herangezogen werden, dann kommen noch ganz andere Ziffern zum Vorteile des Ungarweizens zum Vorschein. Denn all diese übrigen Provenienzen stellen sich nach Österreich — mit Ausnahme der Peripherien des Landes — viel höher im Preise als das rumänische Produkt.

Die Zolltrennung ist ein Lebensinteresse der Nation, sie ermöglicht die Entwicklung der Industrie, sie fördert die Interessen der Landwirtschaft, sie schafft die Grundlagen der wirtschaftlichen Erstarkung, des materiellen Wohlstandes und des kulturellen Fortschrittes. Ihre Vereitelung wirkt unheilvoll nicht nur für das Land selbst, sondern mit Rücksicht auf die politischen Bande zu Österreich, auch auf die Monarchie. Nur ein materiell und kulturell starkes Ungarn steigert die Kräfte derselben.

Dritter Teil.
Schlußbetrachtungen.

§ 11.
Das Versagen der Agrarzölle im Vertragszollgebiet und seine Ursachen.

Die Ergebnisse sind bekannt. Der Ungarweizen wird im Zustande des gesonderten exportbedürftigen Zollgebietes keinen Nachteil erleiden, er wird im Preise jenem nicht nachstehen, zu welchem man ihn im Vertragszollgebiet umsetzte, trotzdem das importbedürftige Vertragszollgebiet durch einen Weizenzoll vom 6.30 Kronen per quintal geschützt war! Wie ist dieses anscheinend unwahrscheinliche Ergebnis erklärlich?

Dadurch, daß im Vertragszollgebiet der Weizenzoll von 6.30 Kronen in normalen Zeiten nicht zur Geltung kam. Nur in den bekannten Ausnahmsjahrgängen konnte er sich durchsetzen.

Es ist ein und dieselbe Erscheinung, die aus verschiedenen Perspektiven verschiedene Bilder zeigt.

Die in unserer Tabelle zum Vorschein gelangten und auf normale Jahrgänge bezughabenden Ziffern bedeuteten vom Gesichtspunkte des gesonderten Zollgebietes, daß der Ungarweizen in diesem zollpolitischen Zustand so und so viel per quintal profitieren wird. Die Ziffer bedeutete also einen Vorteil. Vom Gesichtspunkte des Vertragszollgebietes verkünden dieselbe Ziffern jenen Nachteil, der dadurch entstand, daß der Ungarweizen in der Zollgemeinsamkeit so und so viel unter Parität des Weltmarktpreises umgesetzt wurde. Das ist der Grund, daß er im gesonderten Zollgebiete, in welchem der Weltmarktpreis unbedingt zur Geltung gelangen muß, um denselben Betrag höher umgesetzt werden wird.

Ist es aber nicht eigenartig, daß der Ungarweizen im Vertragszollgebiete unter Weltmarktpreisparität, respektive nicht über derselben notierte? Ist es nicht auffallend, daß überhaupt die Weizenpreise im Vertragszollgebiete keine vollen Konsummarktpreise erzielten, also die Weltmarktpreise zuzüglich des Zollbetrages, kurz, daß die Zölle nicht zur Geltung kamen!

Ist doch das Vertragszollgebiet bekanntlich lange kein Exportgebiet mehr. Auch in den glänzendsten Erntejahren nicht. Auch in Rekorderntejahren bezieht man in bescheidenen Mengen Getreide aus dem Ausland. Das Vertragszollgebiet ist also ein Importgebiet, wenn auch vorerst nicht mit ständig großen Importziffern. In solchen Gebieten müßte aber der Zoll in voller oder zumindest in respektabler Höhe zu jeder Zeit zur Geltung gelangen.

Im österreichisch-ungarischen Vertragszollgebiete sprechen aber noch andere Gründe dafür, daß die Agrarzölle zur Geltung zu gelangen haben.

Man erinnere sich an die flüchtige Charakterisierung und an die Darlegung der Intentionen und Motive der Ausgleichsgesetze und der Zwecke der Verfügungen derselben. Es wurde dort von der Begegnung der gegenseitigen Interessen und von der gegenseitigen Befriedigung derselben gesprochen.

Nun denn — die im Interesse Österreichs wirkenden Industriezölle gelangten restlos zur Geltung. Die Industrie Österreichs kam also auf ihre Rechnung. Es hätten demnach gleich diesen auch die Agrarzölle zur Geltung gelangen müssen. Das war das Gebot der Gegenseitigkeit. Bekanntlich geschah es aber nicht so. Die ungarischen landwirtschaftlichen und man kann füglich sagen auch die ungarischen allgemeinen wirtschaftlichen Interessen sind nicht befriedigt worden!

§ 11. Das Versagen der Agrarzölle im Vertragszollgebiet usw. 81

Es scheint also, daß weder die Ausgleichsgesetze selbst noch die Handels- und Zollverträge die zufolge der Ausgleichsgesetze von hüben und drüben abgeschlossen wurden, im Geiste derselben erfüllt wurden.

Bei den Ausgleichsgesetzen kann man allerdings von einer Bilateralität nicht gut sprechen, weil diese Gesetze eben keine Verträge sind. Allerdings stehen sie auf der Grundlage einer Kongruenz mit den in Österreich gleichzeitig geschaffenen Ausgleichsgesetzen. Die Reziprozität hätte also auch in dieser Richtung bestehen müssen.

Die Handelsverträge sind aber zweifellos bilaterale Instrumente und haben beide Kompaziszenten das volle Anrecht auf restlose Erfüllung. Trotzdem kam es nicht so. Die Industriezölle kamen zur Geltung. Die Agrarzölle versagten.

Das zufolge Versagens der Agrarzölle bestandene reduzierte Preisniveau kam allerdings auch dem ungarischen Konsum zu statten. Aus sozialem und demokratischem Gesichtspunkte wurde diesem Umstande auch gebührend Rechnung getragen. Es wurde bekanntlich auf die unverbrauchten, kostbaren Energien der Demokratie hingewiesen, deren Interessen Fürsorge und Förderung erheischen und dementsprechend wurde ein reduziertes Preisniveau im gesonderten Zollgebiete gebührend gewürdigt. Es ist aber nur zu sehr begreiflich, daß man im Zustande der Zollgemeinsamkeit mit Österreich, vielmehr eben zufolge derselben selbst dieser sonst erwünschten Erscheinung nicht jene Sympathien in Ungarn entgegenbringt, die ihr zukämen, weil durch das reduzierte Preisniveau zum größten Teile eben nur fremde Konsuminteressen gewinnen, deren Kosten aber Ungarn allein zu bestreiten hat! So kommt es, daß man in Ungarn zufolge der Zollgemeinsamkeit häufig mit den eigenen Bestrebungen in Widerspruch gerät.

Der handels- und zollpolitische Anschluß hat also selbst das nicht gehalten, was er versprach. Es kann nämlich nicht bestritten werden, daß, wenn die Agrarzölle zur Geltung gelangt wären, die ungarischen landwirtschaftlichen und mittelbar auch die sonstigen wirtschaftlichen Interessen eine gewisse Förderung erfahren haben würden. Natürlich immer nur cum grano salis, das heißt abstrahiert von den höheren Interessen der nationalen Wirtschaftspolitik. Denn eine Förderung der landwirtschaftlichen Interessen, so bedeutsam sie auch ist, bietet keinen Gegenwert für die Unterbindung der gedeihlichen Entwicklung der übrigen wirtschaftlichen Faktoren. Würden aber die Agrarzölle zur Geltung gelangt sein, so könnten immerhin gewisse partielle Vorteile nicht geleugnet werden und die Anhänger der Zollgemeinsamkeit hätten eine mächtige Waffe für sich.

Daß es nicht so kam, trotzdem es so hätte kommen sollen, das ist eben die eigenartige Erscheinung.

Man hat es zu jener Zeit nicht wahrgenommen, daß die Kongruenz der Interessen, auf welche man das Werk aufbaute, nur eine scheinbare oder mindestens eine ephemere war. Die Divergenz derselben gar nicht beachtend prägte man ein allzufestes widernatürliches Gefüge. Gewiß geschah es unbewußt und in bestem Glauben als wir das gemeinsame Schiff mit eigenem Holze heizten. Auf der anderen Seite eine zielbewußte systematisch organisierte und selbst subjektiv uns nicht immer freundlich gesinnte Arbeit, die wir herzhaft unterstützten, nicht nur ohne Organisation unserer Sonderinteressen, sondern ohne selbst die Sonderinteressen bemerkt zu haben.

Es ist bei dieser Konstellation gar nicht zu verwundern, daß man in Ungarn ungeprüft und gerne, ja sogar jubelnd entgegennahm was im Jahre 1867 geboten und vereinbart wurde.

Die ungleiche Verteilung der materiellen Kräfteverhältnisse förderte die weitere Entwicklung in der eingeschlagenen Richtlinie. Die Kapitalsquellen waren von jeher auf der anderen Seite. Der Reichtum Ungarns besteht in der Urkraft seines Bodens und in den Qualitäten des Volkes. Das ganze Land erwartet mit Ungeduld den Moment wo die Frucht reift, um aus dem Erlöse die Bedürfnisse decken

§ 11. Das Versagen der Agrarzölle im Vertragszollgebiet usw. 83

zu können. Man hat keine Muße, auch nicht die nötige geschäftliche Versiertheit, die Preise zu prüfen, man nimmt wieder im besten Glauben, was geboten wird. Die durch das Mißverhältnis der Kräfte erzeugte wirtschaftliche und materielle Abhängigkeit wird noch gesteigert durch die Einseitigkeit unseres Warenverkehres, gleichfalls eine Folge der Zollpolitik. Ziffermäßig ist diese Einseitigkeit bereits nachgewiesen worden. Man sah, daß im Jahre 1911 von der Totaleinfuhr der Halbfabrikate Österreich nicht weniger als 74,2 und von jener der Ganzfabrikate 86,6 % deckte. Und diese 86,6 % erreichten im Jahre 1911 die Summe von 1344 Millionen Kronen gegen 700 Millionen Kronen von vor zehn Jahren früher. Die Einseitigkeit im Warenverkehr bringt die Einseitigkeit und die Abhängigkeit in wirtschaftlicher und finanzieller Hinsicht auf der ganzen Linie mit sich.

Auch unsere Handelsbilanz mit Österreich zeigt dieselben unerfreulichen Momente. So betrugen die Passiven in Millionen Kronen:

im Jahre	1907		68
„	„	1908	46
„	„	1909	22
„	„	1910	115
„	„	1911	136

Die wirtschaftliche Zurückgebliebenheit, die Knappheit der flüssigen materiellen Mittel, die Einseitigkeit in der wirtschaftlichen Entwicklung überhaupt und insbesondere in der Richtung des Warenverkehres, sind Fakten, welche geeignet sind, die Widerstandsfähigkeit nachteilig zu beeinflussen, worin man die Erklärung für das Versagen der Agrarzölle zu finden vermag.

Es dürften aber auch noch andere Ursachen mitwirken, und darunter wohl nicht an letzter Stelle auch jene, deren Ursprung in der ungarischen Volkspsyche zu suchen ist.

Der Mangel an Berechnungsgabe, kommerziellem Sinn und Gründlichkeit in rein wirtschaftlichen Angelegenheiten ging insbesondere der Mittelklasse von jeher ab, was auch den materiellen Niedergang derselben zur Folge hatte. Dem Mangel dieser Eigenschaften ist es auch zuzuschreiben, daß man über den wahren Wert der eigenen Produkte nicht die gehörigen Vorstellungen hatte. In sorgloser Indolenz glaubte man die wirtschaftlichen Ereignisse hinnehmen zu müssen, wie sie sich eben entfalteten. An kontrollierende Berechnungen wurde gar nicht gedacht und zum besten Beweis besteht heute noch die Furcht vor einem Rückfall der Preise nach der Zolltrennung, was bekanntlich gleichbedeutend mit der Vorstellung ist, daß die Agrarzölle sich in der Zollgemeinsamkeit durchgesetzt hätten. Eine Gefahr oder einen Nachteil erkennt man also selbst heute noch nicht.

Nun ist es aber selbstverständlich, daß eine Aktion der Abwehr dort nicht einsetzen kann, wo sich das Bewußtsein einer Gefahr oder einer Benachteiligung noch nicht herausbildete, wo selbst das Bedürfnis fehlt, in das Wesen der wirtschaftlichen Vorgänge einzudringen. Letzteres tritt besonders in der allerjüngsten Zeit in Vorschein.

Die Tatsache der hohen Getreidepreise im Jahre 1913/1914 wird von den Anhängern des Vertragszollgebietes diesem letzteren zugeschrieben. Es wird auf die normale Ernte vom Jahre 1913 hingewiesen, wodurch man zu entkräften sucht, als würden die Agrarzölle nur in Zeiten einer Fehlernte zur Geltung kommen. Siehe, in normalen Jahrgängen bewirkt das Vertragszollgebiet durch die Agrarzölle hohe Preise! Bei Zolltrennung würde also der Preissturz auch in Normaljahren eintreten!

Und es gibt viele, die sich diesen Scheinargumenten indolenterweise nicht widersetzen, weder die Kraft noch das Bedürfnis haben, in das Wesen dieser Frage einzudringen.

Vor allem sei bemerkt, daß die Formel der „hohen Preise" tendenziös gewählt und zur Täuschung geeignet erscheint. Es sollte nicht von „hohen Preisen", vielmehr nur von solchen gesprochen werden können, welche der Parität der Weltmarktpreise zuzüglich Zoll entsprechen.

§ 11. Das Versagen der Agrarzölle im Vertragszollgebiet usw. 85

Der Preis an und für sich ist stets nur eine Ziffer. Eine und dieselbe Ziffer kann heute als hoch und befriedigend, morgen als unzulänglich erkannt werden. Betrachtungen über das a b s o l u t e Niveau derselben stören und täuschen dort, wo eben nur das r e l a t i v e Niveau der Preise den Gegenstand der Erörterungen bildet. Besteht doch das a l l g e m e i n e Interesse nur darin, das relative Niveau, das heißt die Parität der Weltmarktpreise zu behaupten — an die Hebung des absoluten Preisniveaus knüpfen sich keine G e m e i n i n t e r e s s e n! Die hohen Preise dürfen also nicht täuschen, sie sind als Argument auszuschalten.

Es kann nur davon gesprochen werden, daß im Frühjahr 1914 die Parität der Weltmarktpreise — zuzüglich Zoll — erreicht wurde. Das bewirkte aber keineswegs das Vertragszollgebiet, sondern — abgesehen von den ungünstigen Ernteaussichten per 1914 — die Importe der Fremdweizen, die eingeführt werden mußten, weil die inländische Normalernte zufolge Steigerung des Konsums denselben nicht decken konnte. Die Konsumsteigerung ist es also, welcher zufolge der erlangten Aktualität eine erhöhte Beachtung zuzuwenden ist.

Wir sehen, daß man im Wirtschaftsjahre 1913/1914 trotz einer Normalernte auf Weizenimporte angewiesen ist, welche bis zum Schluße des Erntejahres wohl 3 Millionen Meterzentner erreichen dürften. Unter solchen Umständen ist es verständlich, daß die Fremdweizen die Preise der inländischen Produkte auf die Parität der Weltmarktpreise heben, und daß die Agrarzölle zur Geltung gelangen. All dies ist aber nicht dem Vertragszollgebiet sondern der Konsumsteigerung zuzuschreiben. Es folgt hieraus, daß bei weiterer Steigerung des Konsums und Beibehaltung der heutigen europäischen Zollpolitik die Weltmarktpreise und Zölle sich auch in den zollgetrennten Gebieten durchsetzen werden, sobald die eigene Produktion der Zollgebiete zur Bestreitung des Inlandkonsums nicht hinreicht oder denselben nicht überschreitet.

Die These ist nicht neu; auch in diesen Spalten wurde sie angeführt; nur der Zeitpunkt, in welchem sie praktisch zur Geltung gelangt, konnte nicht genau bestimmt werden, weil eben die Dimensionen und das Tempo der Konsumsteigerung Imponderabilien sind. Nach den Erfahrungen des Jahres 1913/1914 scheint aber dieser Zeitpunkt früher in die Nähe zu rücken als angenommen werden konnte. Die augenblickliche Parität der Preise des Zollgebietes mit jenen des Auslandes ist also keine Errungenschaft des Vertragszollgebietes, sie ist die Folge der Konsumsteigerung, wodurch im Gegensatz zu den Darlegungen der Anhänger des Vertragszollgebietes, die aktuellen Motive für die Zolltrennung eine gewichtige Vermehrung erfahren haben!

Die Vielfältigkeit des behandelten eminent wichtigen Wirtschaftsproblems erheischt eine umfassende Kenntnis aller Phasen des Gegenstandes. Diese Kenntnis darf aber kein privilegium exclusivum bilden, sie muß popularisiert und auf diese Art Gemeingut werden.

In jüngster Zeit erst begannen die berufenen Körperschaften eine systematische, forschende und popularisierend aufklärende Arbeit zu entfalten, welche auch hoffentlich den Erfolg nicht verfehlen wird. Es wäre nur zu wünschen, daß gleichzeitig auch der Kampf der wirtschaftlichen Berufszweige, Klassen und Parteien, die Gruppierungen nach Schlagworten, denen jede Berechtigung abgeht, aufhören mögen, denn nur durch die Einigung aller wirtschaftlichen Kreise kann die zur radikalen Gesundung der wirtschaftlichen Verhältnisse unentbehrliche Zolltrennung erreicht werden.

Die Zollgrenze, die bisher für die ungarische Wirtschaft keine Vorteile brachte, die nur dazu dienen sollte, um die volle Entfaltung der ungarischen Industrie hintanzuhalten und die Konkurrenz der ausländischen Bodenprodukte fernzuhalten, damit die Preise frei von deren lästigem Einfluß eine nachteilige Regelung finden und die Agrarzölle in normalen Zeiten nicht zur Geltung gelangen, diese Zollgrenze hat für Ungarn keinen Wert. Der Umstand, daß in Zeiten von Mißernten die Agrarzölle zur Geltung kommen ist keine beglückende Tat der Zoll-

§ 11. Das Versagen der Agrarzölle im Vertragszollgebiet usw.

gemeinsamkeit, sie ist wie ein zweites Übel, welches sich zum Schicksalsschlag der Mißernte gesellt und sich leider auch in der Zolltrennung wird einstellen können. Ungarn hat für die Zollgemeinsamkeit — zuletzt bei der Zollrevision im Jahre 1906, die größten Opfer gebracht, ohne eine entsprechende Gegenleistung gefunden zu haben.

Audiatur et altera pars.

Von anderer Seite sucht man die Ursachen des Versagens der Agrarzölle aus dem Wesen des österreichischungarischen Zollgebietes zu erklären. Entgegen den hier vertretenen Gesichtspunkten wird behauptet, daß die Agrarzölle in jenem Zeitpunkte, wo das betreffende Zollgebiet erst aufhörte, ein Exportgebiet zu sein und wo die Importe sich zwar ständig einstellen aber im Durchschnitt verhältnismäßig doch nicht allzu bedeutend sind, nicht zur Geltung zu kommen haben, sondern erst dann, wenn ständig große Importe stattfinden.

Diese Auffassung erscheint durch die hier gegebenen Darstellungen bereits entkräftet, sie widerspricht sogar den Intentionen, deren Realisierung durch die Zölle bezweckt wird. Eine wiederholte und eingehendere Widerlegung — eine solche wurde unter anderem auch in jener Arbeit des Verfassers dieser Studie unternommen, auf welche bereits wiederholt Berufung geschah — möge an dieser Stelle auch schon darum unterlassen werden, weil diese Auffassung an der Tatsache, daß die Agrarzölle nicht zur Geltung kamen, nichts ändert, dieselbe sogar bekräftigt. Auch an den daraus abgeleiteten Folgerungen ändert sie gar nichts. Im Gegenteil. Wenn dem so wäre, dann würde das Vertragszollgebiet für Ungarn schon ipso fakto nichts taugen!

Eine Einrichtung, für die man die größten Opfer brachte, die aber schon ab ovo zufolge ihrer Beschaffenheit nicht wirksam sein könnte, wäre nicht allein eine Täuschung, sondern noch mehr, ein Mißbrauch und hätte noch den Nachteil, daß sie selbst durch eine gründliche Wandlung in den entwickelten subjektiven Ursachen nicht tauglich werden könnte!

Wie dem auch sei, das Faktum des Versagens der Agrarzölle im Vertragszollgebiete ist evident.

Im gesonderten ungarischen Zollgebiete kann die Landwirtschaft keine Enttäuschungen erfahren, ihre gedeihliche Fortentwicklung ist in derselben gesichert. Die Industrie fordert seine Errichtung mit wachsender Ungeduld und erblickt in derselben begründeterweise die Garantien ihrer Lebensinteressen. Alle übrigen Faktoren des nationalen Lebens knüpfen die berechtigten Hoffnungen ihres Emporblühens gleichfalls an die Errichtung der eigenen Zollinie.

Die politischen Konstellationen — weder die nationalpolitischen noch jene der internationalen Politik — werden von dem gesonderten ungarischen Zollgebiete und von der selbständigen Handels- und Zollpolitik in keiner Weise berührt, und selbst den österreichischen wirtschaftlichen Interessen wird die endgültige Regelung der Streitfragen nur von Nutzen sein.

Das sind die Ergebnisse der gepflogenen Untersuchungen.

Die Streitfragen wurden nach jeder Richtung geprüft und aufgeklärt, ihre Bedeutung sowohl nach innen für die inländischen Interessen als nach außen mit Rücksicht auf die internationalen Beziehungen entwickelt — es steht nun der großen Öffentlichkeit zu, das endgültige und einzig maßgebende Urteil zu fallen.

Von der hohen Warte der allgemeinen Kultur und des menschlichen Fortschrittes ist eine gegenseitige wirtschaftliche Unterstützung der Völker, eine Vereinigung der wirtschaftlichen Kräfte unerläßlich. Den Weg zu diesen Kriterien der menschlichen Zivilisation findet man nur durch den belebenden, freien internationalen Verkehr, welchem die Aufhebung jedweder institutiven Bindung von Energien vorangehen muß.

Printed by Libri Plureos GmbH
in Hamburg, Germany